如今主宰經濟學的，不再是那些不食人間煙火的數學超人，

而是深諳民間疾苦的統計學偵探……

親愛的
臥底經濟學家

《金融時報》最好看的專欄

DEAR UNDERCOVER ECONOMIST

THE VERY BEST LETTERS FROM THE 'DEAR ECONOMIST' COLUMN

提姆・哈福特 著　尤傳莉 譯

TIM HARFORD

目次

開口求婚／遠距戀情，禁得起考驗嗎？／愛上好朋友，我該表白嗎？／真愛難尋？／失戀的補償／外遇選擇權／學業與愛情／網路交友須知／要狗還是要我？／學校裡的性教育／性愛初體驗／男校與女校裡的愛情／婚前該不該住一起／他前女友的房子／伴遊女郎

第2部　你在哪上班？

公司要我馬上去報到／大家一起擺爛，可行嗎？／他們聯合起來對付我／樂在工作的祕密／想存錢的你，有沒有雙重人格？／理性上癮／太忙了怎辦／越有錢，越快樂？／休閒上癮症／念大學，還是找工作？／種子基金／我該從事哪一行？／我中樂透了！／買道德基金，有比較道德嗎？／時間不夠用／雇用廉價勞工／怎樣爭取加薪／人幹嘛燙衣服／要不要跳槽？／工作loading加重了，怎辦／學拉丁文還是中文？／找我開會？請先付錢／兒子的Facebook朋友比我多／參選要花多少錢／績效的迷思／考試，一定要準備嗎？／要不要轉學／要不要買旅遊險／為什麼老是有人愛擋住車門？／什麼樣的工作最棒？／American Idol與X Factor的共同點／菜鳥該學什麼？／阿西西與盧森堡／倫敦與紐約

推薦序

跟奇妙的經濟學家喝一場愉快的下午茶

——向我所有學生推薦這本書

國立中山大學政治經濟學系教授 劉孟奇

如果要寫一句簡短的話來推薦這本書，我會寫：「我向我所有的學生推薦這本書，因為這大概是唯一一本可以一面讓你忍不住大笑，一面又可以學到如何活用經濟學原理與最新經濟知識的書。」

從兩三年前開始，我就開始跟學生建議，要養成經常上網去看兩個財經專業中文網站的習慣，第一個是《華爾街日報》（*The Wall Street Journal*）的中文網站，第二個就是老牌英國財經媒體《金融時報》（*Financial Times*）的中文網站。而在《金融時報》的網站上，我又最推薦的兩個專欄，就是提姆．哈福特（Tim Harford）的「臥底經濟學家」與「親愛的經濟學家」。

我開始讀提姆．哈福特的專欄，是先被那些稀奇古怪的問題所吸引的。例如說，有讀者會來信問「怎樣與有錢的女友相處？」，信中是這樣寫的：「親愛的經濟學家：我的女友掙得比我多，住在公司提供的房子，可是當我們在討論同居時，她卻要求我得支付各種帳單。她有必要算得這麼清楚嗎？」署名的是「困惑的學生」。

或者，像是下面這個問題：「怎樣在義大利唱單身情歌？」，信內容如下：「我是一個三十二歲的美國女人，五年前搬到義大利。在這裡，三十多歲的單身男子簡直是鳳毛麟角。我該繼續留在義大利呢，還是回美國去？」署名為「喝著卡布奇諾哭泣的人」。

當你看著這些千奇百怪的問題（認真來說，其實這些煩惱也不能說是匪夷所思，只是大概很少有人會拿這些問題來問經濟學家）而忍不住哈哈大笑時，繼續讀下去，就不得不對提姆．哈福特的回答欽佩不已。他的筆調非常幽默，行文之間充滿機智，但是所謂「外行看熱鬧，內行看門道」，最讓我這個經濟學家同行佩服的是，他對於這些疑難雜症問題的回答，總是能建立在扎實的經濟學理論或實證研究之上。

舉例而言，對於那位「困惑的學生」，他的忠告是：最好乖乖付帳單，因為根據諾貝爾獎得主邁克爾·斯賓塞（Michael Spence）的「訊號理論」，那位有錢女友正透過要求小男友自己付帳單，來獲取「他愛的到底是我的錢，還是我的人」的訊號。而針對那位「喝著卡布奇諾哭泣的人」，提姆·哈福特的建議是：不要再陷在經濟學原理中所謂的「沉沒成本謬論」之中，為已經灑掉的牛奶無謂的哭泣，「請回到人口統計上有更多合格單身漢的地方吧。」

《親愛的臥底經濟學家》這本書，是提姆·哈福特最有名的暢銷書。根據《金融時報》上的簡介，至今已經翻譯成十六國語言。你一旦拿起這本書，先不用細看裡面的文章內容，只要先讀文章目錄，就會讓你心情愉快，充滿好奇，而且忍不住一直看下去。你會想知道，到底這裡面在講什麼啊？舉例而言，有人問說：「我三十五歲前該定下來嗎？」有人想知道：「到約會網站，該貼上照片嗎？」有人的煩惱是：「遠距離戀情，禁得起考驗嗎？」也有人問：「我愛上了最要好的朋友，我該表白嗎？」光看到這些問題，應該就足以讓我那些青春年少的學生們說「哇」，並且張大眼睛。

不過，這本書涵蓋的主題不只局限於這些感情的煩惱。在這本書第二個部分，作者主要回答的問題，來自於許多人會產生疑問的另一個重要領域，也就是生涯與工作。這些有趣的問題包括：「一份高薪而不穩定的工作好，還是一份薪水中等但穩當的工作好？」「怎樣才是爭取加薪的有效策略？」「怎麼跟資深同事相處？」「追求夢想，值得嗎？」

我也非常推薦家長們要讀一下這本書，因為裡面不少篇文章的主題，會有助於你跟孩子講道理，譬如說：「每天多花一小時讀書，值得嗎？」或者你可以告訴孩子，為什麼期待全班同學聯手一起偷懶，是不可能的事情。

讀這本充滿了英式幽默口吻的書時，可以想像你正和一群有著許多心事、又充滿好奇的朋友們，與這位來自英國的奇妙經濟學家一起喝著愉快的下午茶。閒聊當中的許多問題，會讓你覺得非常有趣，而這位奇妙經濟學家的答案，又往往會讓你拍案叫絕。

如果你因此而在這場開心的知識下午茶結束之後，轉而到更多的經濟學書籍（或許會有點枯燥）當中找尋這些答案的來源，那麼，這場下午茶的收穫與影響，或許將會遠超過你的想像。

前言

Trust me，我是經濟學家

——經濟學，本來就很適合解答人生難題

該怎樣跟別人相處，怎樣吸引異性，怎樣教養孩子？

想知道答案，你應該不會去問經濟學家。說好聽，經濟學家是一種很冷靜的人，很理性，不會猶豫不決，不會意志軟弱，會像影集《星艦迷航記》裡的角色史巴克（Spock）那樣，太過完美而不可能有凡人的煩惱。

但講難聽點，經濟學家就算不是離經叛道，也是不食人間煙火的。他們只懂得估算東西的價格，卻對價值一無所知。至少，這是經濟學家給人們的傳統印象。

但寫下這本書的「臥底經濟學家」不同。

他可不像其他主持讀者信箱的夫人阿姨們，那麼有同情心；他講話很直，很沒禮貌，而且很愛用專業術語。當一個愛玩樂的女人，因為玩過頭而錯過理想的終身伴侶，「臥底經濟學家」給她的，不是讓她倚靠著哭泣的肩膀，而是「最適實驗理論」（optimal experimentation theory）的坦率建議。當一個晚宴上的客人，好奇著一瓶葡萄酒要多少錢時，「臥底經濟學家」不會認真去查什麼《葡萄美酒指南》（*Good Wine Guide*），而是援引《葡萄酒經濟學學報》（*Journal of Wine Economics*）上的統計。

然而，這樣的忠告，有時會明智得把你嚇一跳。

六年前，《金融時報》（*Financial Times*）把「親愛的經濟學家」（Dear Economist）專欄的重責大任交付給我以來，眾所皆知，連我自己都會採取臥底經濟學家的某些建議。

經濟學，本來就很適合用來解決生活上的難題。經濟學家會拋開各種社會上的繁文縟節；會把糾結成一團的複雜問題，簡化為經濟模型，因而可以提出很實在的建議，而這些，正是人們對一個好專欄的期待。

今天的經濟學，已經與過去的傳統形象大不相同。如今主宰經濟學的，不再是那些不食人間煙火的數學超人，而是深諳民間疾苦的統計學偵探，他們關注現實生活的種種問題；而當人類的行為比較像荷馬．辛普森（Homer Simpson，編按：就是《辛普森家庭》裡那個粗魯、笨拙、無能的老爹）而非史巴克時，行為經濟學與理性選擇理論兩方陣營的論辯，也提供了更多線索，讓我們更了解人類理性經濟行為的真貌。也因此，經濟學家不但知道我們該怎麼做才對，也很清楚我們有時候會做不到。

如果你想找一個很理性、充滿自信的萬事通，來為你提供人生難題上的解答，還有比經濟學家更好的人選嗎？

親愛的
臥底經濟學家

（two-player signaling game）這樣的理論。

但經濟學家並不是不重視愛情。相反的，我們是另類的浪漫主義者。經濟學家很清楚，在不確定的狀況下該做什麼樣的決定；我們懂得甜言蜜語的危險誘惑，也明白有效承諾的重要性。

最重要的，經濟學家了解非零和賽局（non-zero-sum game）的概念，可以讓雙方都獲得想要的東西。關於愛情，你甚至可以説，我們經濟學家是樂觀主義者……

1

愛情經濟學

約會把妹，萬事如意

性愛、約會、伴侶關係……，長期以來會成為報章上讀者信箱最熱門的話題，不是沒有原因的。

但是對於這種主題，真正高明的見解並不常見。不會有太多人想去問父母自己該不該失去童貞；想搞劈腿的人，也很少去找同事討教。當我們想知道自己是否找到「真命天子（女）」，心知周遭羨慕的朋友不見得會給我們公正無私的建議。在這種情況下，還有什麼能比經濟學家理性的冷靜建議，更受歡迎呢？

沒錯，一般來說，經濟學家很少被當成什麼好色之徒。所以不意外，當有人問經濟學家，到底該不該假裝性高潮時，經濟學家的回答就是冷靜地援引像「兩人傳訊賽局」

同居經濟學——情侶該不該同居？

親愛的臥底經濟學家：我跟男友已經交往一陣子了，上個月他搬來跟我住。照理說，我們應該把他的公寓賣掉，但他建議先緩一緩，免得萬一我們這段感情沒結果。你的建議是什麼？——來自英國里茲（Leeds）的ＶＨ

親愛的ＶＨ：

現代生活跟以往大不相同，因而要判斷你的處境，比以前困難得多。以前的母親會教導女兒，不要相信求愛者「明天醒來依然愛你」的承諾。於是，訂婚就成為承諾的形式。但後來，美國的法院不再讓女人以「毀棄婚約」（breach of promise）——這是一個委婉的說法，指的是一個無賴求了婚、睡過未婚妻後，又變心不娶人家——為由提起訴訟。此後，婚姻承諾的後盾就成了鑽石——女人最要好的朋友。

時代不一樣了，現在男人和女人要評斷另一半有多愛他，要比以前困難多了。但如果你在家務事上頭應用一點點篩選理論*，就能確切弄清楚自己的處境何在。所謂的篩選理論，是一種迫使他人做出行動——而不只是講些空泛的甜言蜜語——並找出其隱藏之資訊的技巧。篩選理論讓向來直言不諱的史迪格里茲，獲得二〇〇一年的諾貝爾經濟學獎。

如果你的男友很享受跟你住在一起的種種好處，卻對兩人關係缺乏實質承諾，那麼，擁有一戶可以搬回去住的公寓的選擇權，對他而言價值就很高。這表示，即使他很愛你，心裡卻仍在懷疑這段愛情是否能恆久不變。另一方面，如果他相信你們兩人會一起變老，留下一戶單身漢公寓的選擇權價值就極小了。在這種情況下，他會留著它的唯一原因，就是他認為這是個很好的投資工具。至於這房子值不值得投資，房地產專家們可以爭辯其中的優缺點，但相較於可能失去一個靈魂伴侶，這項投資的潛在報酬顯然就微不足道了。

要用「篩選理論」對付你男朋友，你可以要求他：立刻賣掉那戶公寓。如果有必要，甚至可以告訴他，《金融時報》預測房地產價格將會崩盤。篩選的成功關鍵，就是要提出某種類型的人不肯做的要求。假如你不想跟那種人住在一起，就去篩選一下吧。

可信的，臥底經濟學家

篩選理論（screening theory）：美國經濟學家史迪格里茲（Joseph E. Stiglitz）提出的理論，針對的是交易市場上的資訊不對稱。他認為，透過篩選機制，資訊較差的一方可以提供許多不同的契約，讓資訊較佳的一方選取，藉此分辨出對方的種類，市場均衡結果因此獲得改善。

分享與折衷——談戀愛，要懂得「效用理論」。

親愛的臥底經濟學家：情人節，我要帶女友出去吃一頓浪漫晚餐。但我知道最後的收場：選甜點的時候，茱麗葉會說她不用；而我會點一份巧克力蛋糕，然後她會把我點的蛋糕吃掉一大半。我發現，她這個習慣讓我很火大。你能不能給我一些建議呢？

——來自義大利維洛納（Verona）的羅密歐

親愛的羅密歐：

我可以肯定地說，你永遠無法說服茱麗葉也點一份甜點，而就算你乾脆點兩份給自己，可能也對她毫無作用。所以，蛋糕的分量是既定的，問題只出在如何分配。

不過，只要活用基本的效用理論（utility theory）*，這個難題就可迎刃而解。

通常，當我們要把賺來的錢，花在不同的物品上時，可以利用「效用理論」來做選擇。你的難題，是要在以下兩種東西之間做選擇：給你吃的蛋糕，以及給茱麗葉吃的蛋糕（因為你愛她，所以她吃也會讓你快樂）。讓你的計算變複雜的是，茱麗葉喜歡吃蛋糕，但她也喜歡看你吃蛋糕。在這個狀況下，你們兩人就都只會吃一部分，其他的留給對方吃。但，要留下多少呢？

幸運的是，經濟學家柏格斯壯（Ted Bergstrom）十五年前就找出了必要的方程式。你唯一要做的，就是搞清楚你有多愛茱麗葉，然後拿來跟你對蛋糕的愛比較；同時，也幫她做同樣的計算。把結果代入柏格斯壯的方程式中，就能得出答案了。如果你們都很愛吃蛋糕，那就得折衷，各自讓出一些蛋糕給對方。如果你們都沒那麼喜歡蛋糕，但很愛看對方享用，那就會設法把蛋糕多留一些給對方。

真正的無私，就是：**雙方無須爭執，便能一致同意蛋糕的最適當分配法**。此時，愛意已盡在不言中。

效用理論：這是一種融合客觀性的計量與主觀性的心理及行為的決策理論，通常用於解釋個體的消費行為，也稱為優先理論決策或消費者行為理論，往往受到主觀意識的影響。效用（utility）係指經濟個體消費或擁有財貨或勞務時所感到的滿足程度，滿足程度越大，代表效用越大。

怎樣養小三——與其花錢，不如靠魅力。

親愛的臥底經濟學家：我七十四歲，精力旺盛，很有錢，但對婚姻生活感到厭倦。我交往八年的女朋友三十七歲，她找到了一個年齡相近、財力中等的男子。她的財產有一千八百萬，年薪大約三百萬。我以前想過要給她一千五百萬，只要她肯繼續維持我們謹慎的關係。現在我還是想這麼做，你覺得呢？——來自英國倫敦的史密斯先生

親愛的史密斯先生：

你的計畫必須克服兩個障礙。

第一，傅利曼（Milton Friedman）的「恆常所得假說」（permanent income hypothesis）＊認為，對於任何暫時性的意外之財，我們會思考其所能產生的永久性所得。在二〇〇四

年，你的一千五百萬是筆大數目；但以今天的實質利率而言，只能產生大約三十萬的利息所得。比起你女友的薪資，這個數目並不算多；但是如果你女友打算結婚，靠她那位新任護花使者的收入過活，你這筆錢比起來，或許就沒那麼寒酸了。換句話說，只有在她計畫要對另一段關係做出認真的承諾時，你的出價，才算是大錢——對你來說，真是個不幸的組合。

還有第二個問題——你無法寫一份強制性合約，規定你這筆花費該有什麼回報。沒錯，在許多愛情關係與性關係中，金錢都是基本要素。但你所提的這種條件，卻很少成功。關係要持續，通常就是默契上打算發展為長期合約，否則就得透過「現貨市場交易」來實現。

你可能會覺得，以時薪或日薪來計算你付給女朋友的錢，是一件倒胃口的事。但就算你不這麼算，她也會。倒不如繼續用你順利用了八年的老方法：守好自己的錢，但發揮個人魅力，這樣成功的機會還比較大。

恆常所得假說：關於消費與所得關係的理論。傅利曼將所得分為恆常所得（一般用過去幾年的平均收入來表示）及臨時所得，主張人們是根據恆常所得（而非當期所得）來進行消費選擇，並且利用儲蓄來平穩消費以因應臨時所得的變動；理性的消費者為了實現效應最大化，不是根據當期的臨時所得，而是根據長期能保持的所得水準做出消費決策。

三十五歲前，該定下來嗎？

——不管怎樣，千萬不要讓自己老到只能嫁給經濟學家。

親愛的臥底經濟學家：我還年輕，交往過幾個男孩，還打算再多交幾個。但最終，我還是想定下來生兒育女。我該在什麼時候離開情場呢？——來自英國曼徹斯特的卡若蘭．布瑞葉

親愛的布瑞葉小姐：

要解決你這個很誠實的問題，就要靈活應用「最適實驗理論」（optimal experimentation theory）。

我們從一個比較簡單的改編版開始講起：對於一家很常去的餐廳，你會在多久以後，才會停止嘗試新的菜色，從此只點你最愛的菜？答案取決於你有多喜歡那道你最愛的菜、

你對多樣化的喜好，以及你打算多常去這家餐廳。如果你打算以後常來，那麼為了找一道超越目前最愛的菜色，多失望幾次也值得。但如果你只會短期內去個幾次，那麼就最好每次都只點你的最愛。

你的問題，可以用類似的方式去評估，只是稍微複雜些，因為你不確定自己還會再交到幾個男朋友，也不曉得自己幾歲以後會生不出小孩。但假設你每兩個月可以「試吃」一個男人，而且決定無論發生什麼事，你都要在三十五歲之前定下來。那麼在你十八歲時，就可望往後會經歷一百零二位男人，而且應該在遇見最頂尖的那百分之一時，才會定下來。

如果一年年過去，你的白馬王子都沒出現，你就得降低你的重要門檻。你會慢慢明白，自己可以持續實驗到三十歲之前，不必大幅降低你的標準。即使到了三十歲，能進入前百分之三的男人也可以接受。但不要一直等下去。最後，你搞不好得將就去接受一個經濟學家了。

具有實驗精神的，臥底經濟學家

假裝性高潮

——別裝了，你總得讓對方知道，他得再加把勁……

親愛的臥底經濟學家：我喜歡他，但他在床上不見得能滿足我。有時我會假裝性高潮，這樣對嗎？——來自英國諾丁罕的CH女士

親愛的CH女士：

經濟學博士生彌阿倫（Hugo Mialon）曾主張，這種狀況必須當作一個「兩人傳訊賽局」（two-player signaling game）*來分析。

你有兩個選擇——假裝，或者誠實告訴他。彌阿倫的話很有幫助：「假裝是深情的女友或交際花的策略，要看動機是什麼，一個是不想傷害你的感情，另一個是為了得到好處。」當你表現得樂在其中時，你的伴侶也有兩個選擇：相信你，或者不相信。

彌阿倫所建議的策略，要看你的愛有多深，以及你無論如何都能樂在其中的可能性；在他的模型中，這是你年齡的函數。他的結論是這樣的：你越愛你的伴侶，以及你的年齡離三十歲越遠（你的伴侶會認為三十歲是最容易得到性高潮的年齡），你就越應該假裝。

我必須承認，這一切對我來說複雜極了。我跟我太太討論過這個問題，但似乎沒什麼幫助。不過彌阿倫的幾個想法，在「二〇〇〇性高潮調查」（想必這「二〇〇〇」指的是年代，而非數量）的統計數字裡得到了佐證。

苦思許久之後，我終於搞清了自己的疑慮何在：在彌阿倫的模型裡，性高潮本身是一個「外生變數」——參與賽局者更努力，並不能讓性高潮更有可能發生。這是個很重要的遺漏，反對假裝性高潮的重要論點之一，就是：這麼一來，你的伴侶就得不到回饋，不知道自己必須再加把勁！

因此，我決定針對這個主題，建構自己的經濟模型。同時，我也建議你別再假裝性高潮，並且也要確定你的伴侶，不是在假裝享受前戲。

精力旺盛的，臥底經濟學家

傳訊賽局：這是一種由一個發送者和另一個接收者所組成的動態賽局。一開始，發送者會發送出一個對自己有利、但對方並不知道的私人訊息以取信對方；而接收者會觀察這個訊息後，從他可行的動作中選出一個做為反應動作。

求婚的時機

能創造價值的行動，早開始，好過晚開始。

親愛的臥底經濟學家：我跟女友交往三年，而且同居十八個月了。我無法決定要在今年情人節跟她求婚，還是等到明年。你有什麼建議嗎？——來自英國布里斯托的C．強森先生

親愛的強森先生：

顯然，你打算最終都要跟這個幸運的女孩結婚，因為你的問題已經暗示了：無論你現在求婚或以後求婚，預期會得到的淨現值（net present value）都會是正值。

如同詩人馬維爾（Andrew Marvell）曾解釋過的，能夠創造價值的行動，通常應該是早做好過晚做。但馬維爾可能忽略了「實質選擇權理論」（real option theory）*的論點

——為了得到更多資訊，拖延不做決定可能是值得的。你必須評估這個拖延的成本，以及等待獲得新資訊的價值。

如果你年輕又有耐心，那麼拖延的成本就很小。要是你和女友有那種令人振奮的關係，每天她都能帶給你新的感覺，那麼等待的價值就很大。這就是為什麼大家往往建議年輕人，不要輕易決定結婚。

但另一方面，你已經和這個女孩同居一陣子了。再等一年，也不太可能得到什麼額外的重要資訊。既然如此，你還在等什麼？這種推理方式對我向來很有用。

另外有一點很重要，你必須列入考慮：執行選擇權的機會之窗，未來是有可能忽然關上的，這麼一來，選擇權價值就變成零。求婚前，有時候未必要搞清楚一切必要資訊，否則到了明年情人節，你女友說不定就換了個男朋友了。

所以，在你決定要再等一年之前，恐怕最好先確定她也肯等。

趕時間的，臥底經濟學家

實質選擇權理論：所謂實質選擇權是指將選擇權評價的原理，應用在其他各種非金融選擇權的資產，來評價實質資產的一種方法。傳統的淨現值法（Net Present Value）認為只要投資計畫淨值大於零，就值得執行。但此理論忽略了投資計畫具有未來報酬的不確定性、設廠的不可回復性，以及可以隨意選擇投資時間以等待更好的投資時機等三個特色。

老牛吃嫩草——有什麼不可以？

親愛的臥底經濟學家：我好像特別哈年輕女人，再也不想跟四十歲的女人約會了。儘管我一些朋友（當然，是女性朋友）都說，我應該約會的對象，是那些想定下來的、懂事的三十來歲女人，但我發現自己卻受到狂野的、活潑的瘋女孩所吸引。我交往過的女孩包括克莉絲汀，十八歲，伸展台模特兒；艾琳，二十二歲，瑞典來的法學院學生；佳寧，二十歲，法國人；還有最近一位是芙樂兒，二十三歲，馬球選手（老天）。我的朋友告訴我，我老來景況將會是孤單、荒寂、悽慘。這樣值得嗎？——來自倫敦的H．杭柏特

親愛的杭柏特先生：

和一般的看法相反，經濟學家其實有種樂觀的傾向。我們相信，當一個人可以自由選

擇時，就會發現人生充滿了互惠的交互作用，就比方你和芙樂兒所享受的那種。我們同時也相信，歡樂未必不能持久。

你那些朋友的意見剛好相反，他們認為，你必須把芙樂兒當成燙手山芋甩掉，找個《BJ的單身日記》女主角布莉琪．瓊斯（Bridget Jones）那種年齡的女人。他們如此建議，有兩個可能的原因：第一，或許女人就像葡萄酒，會越陳越香。你的朋友們可能真的這麼相信，但現在討論的重點是「你的快樂」，所以，你自己要什麼，才是最重要的。第二，為了避免老來孤單，放棄眼前花花公子的生活方式，或許是值得的。

但我認為，你朋友給你的建議很爛，因為他們嫉妒你。既然你已經成功交到了年齡只有你一半的女朋友，為什麼要停下來？就算那女孩厭倦了你，接下來你可能會發現，有些年齡的女人是一種源源不絕的可再生資源。

不過老實說，我之所以建議你繼續跟年輕女孩約會，最重要的原因還是我自己的良心：我不確定懂事的女人，會不會欣賞你的魅力。

羨慕的，臥底經濟學家

性愛經濟學

——建議你，不要想太多……

親愛的臥底經濟學家：我相信性愛有種原因不明的短缺。既然研究顯示，女人和男人都享受性愛勝於其他大部分活動，而且性愛的成本很低，那麼大致上算是追求效用極大化的人，很可能也會在性愛上花最多時間。你知道任何有關這方面的經濟學討論嗎？——來自紐約的麥可．瓦薩

親愛的麥可：

關於世界上的性愛到底有沒有短缺這一點，的確有些令人迷惑。每個人都說自己享受性愛，只要花一個保險套的價錢，就能從事相當安全的性行為，而你唯一需要的，就是某個人有適合你的性別和性偏好。這能有多難？

經濟學家兼部落客泰勒．柯文（Tyler Cowen）提出的可能解釋多得可怕。本著經濟學專家之間完全競爭的精神，我建議你，不必知道那麼多答案。

我們只需要兩個互補的理論：一個用來解釋固定伴侶間，為何沒發生那麼多徹夜性愛活動；另一個用來解釋無數陌生人之間，為何沒有發生一夜情。

首先，對於固定伴侶而言，當然是因為「效用遞減」——性愛的平均效用很高，不表示更多性愛的邊際效用也很高。

我很享受性愛，但我已經不再是十來歲的年輕小夥子，老實說，我得花上好幾天，才能重新回到待機狀態。

至於陌生人與陌生人之間，之所以沒有發生更多一夜情，則是因為會被拒絕、遭遇暴力、被社會譴責的風險很高。在風險比較低的群體——例如男同性戀、學生、嬉皮——之間，我預測其性行為會比較多。

不過還有個比較簡單的解釋：每個人都不斷在從事沒有罪惡感的性行為，只是沒告訴經濟學家而已。

暗示他，我很忙

——重點不在暗示，而是篩選。

親愛的臥底經濟學家：我一直在跟很多男人約會。我聽說有個約會的「規則」是這樣的：對方若要約我星期六晚上出去，那最晚得在星期三來約，否則我就不該接受。這個規則的目的，很顯然，是要給對方一種「我很忙」的印象，我也因此推掉了最近三個約會。這個規則，真的明智嗎？——來自倫敦的布莉琪

親愛的布莉琪：

這個規則是正確的，但你的理解是錯的。

你以為這個規則是用來傳遞「我很忙」的訊息，但其實，任何賽局理論家都會告訴你，偽造重大訊息的代價，必然高得讓人付不起。所以，只有真正沒空的女孩，才有辦法

拒絕最後一刻的邀約。一個訊息可以輕易偽造，那就不太算是訊息了。如果任何阿貓阿狗都可以假裝我很忙，那麼假裝我很忙的價值就是零，因為根本沒有男人會注意。

這個規則的真正功能，不是要傳遞訊息，而是要篩選。「不要接受最後一刻邀約」這條規則，會自動剔除掉那些不體貼、急躁，或不是特別喜歡你的男人。拿到過諾貝爾獎的「篩選理論」，讓我們認清一個事實，那就是：如果沒有任何簡單的辨識系統，女人就無法搞清楚一個男人到底是《BJ的單身日記》中那位木訥的理想情人馬克．達西（Mark Darcy），還是花心男丹尼爾．克里弗（Daniel Cleaver）。

無可否認的是，當你排除掉所有花心男的邀約，那麼你接受的第一次約會數量就會下降——搞不好還會少很多，要看你生活圈的花花公子有多少。但這樣一來的好處是：你實際接受的約會，將會有品質保證。你可以刪除掉一切不必要的調情、打扮，還有約會結尾時在車子裡接吻；取而代之的，是跟可靠男人發展出長期的、穩定的關係。這才是你想要的，不是嗎？

到約會網站，該貼上照片嗎？——一定要。

親愛的臥底經濟學家：我工作很忙，但又想尋找真愛，於是我把自己的檔案貼在某些約會網站上。我有一份很好的工作，但我體重稍微過高，而且鼻子太大了，所以我都盡量避免附上照片。到目前為止，我半個回覆都沒收到。我哪裡做錯了？——來自倫敦雪迪屈（Shoreditch）的珊曼莎．威廉森

親愛的珊曼莎：

你可以宣稱自己長得很漂亮，貼上一張苗條、年輕的絕色模特兒照片。只不過，這麼做雖然可以保證得到很多回應，但可能沒有一個會有好下場。

最好的辦法，就是採取「誇大策略」。

根據經濟學家霍塔克蘇（Ali Hortaçsu）和希區（Günter Hitsch）以及經濟心理學家艾瑞利（Dan Ariely）的研究，其實大多數人都是這麼做的。他們研究了三萬則網路廣告，觀察人們如何描述自己，以及探討這些描述是否會吸引回應。

他們發現，人們通常宣稱自己比較有錢、比較苗條、比較可能是金髮、比較美麗。三分之二網路徵友者說自己的長相是「超過平均水準」，只有百分之一承認自己是「低於平均水準」。所以，當你也宣稱自己的長相超過平均水準，誰會反駁你呢？

另外，你對自己的高薪太過坦白，可能也是個錯誤。女人喜歡交往富有的男人，但出於某些原因，男人比較喜歡中等收入的女人。

不過你最大的錯誤，就是沒貼上自己的照片。不貼照片的人很少得到回應，是有道理的。因為，任何長得不太差的人都會貼上照片，來證明自己長得不差；因此那些沒貼照片的，大家就會假設他們長得不怎麼樣。但是，就連長相平凡的人，都會貼上自己的照片了。那麼，剩下來還是不肯貼照片的，就會被認為一定是長得很醜了。

你可不希望自己被歸入這一類吧？所以，把你的大鼻子對準鏡頭，笑一個吧。

超過平均水準的，臥底經濟學家

要不要戴保險套

不戴套，會產生「負面外部性」。

親愛的臥底經濟學家：我和男友向來採取安全性行為，但最近我們在商量只吃避孕藥，不用保險套。我擔心的是，不戴套之後會不會傳染上什麼疾病？我男友在跟我交往前，應該跟別的女人睡過覺，但我滿確定他應該沒做過什麼危險的事。我這樣想對嗎？——來自英國布里斯托的賽希麗雅．拉森

PS.我男友是經濟學家。

親愛的賽希麗雅：

哎呀，整件事看起來充滿各種可能性。

首先，沒有保護措施的性行為，會產生一種經濟學上典型的負面外部性（negative externality）＊。決定不採取安全措施的人，雖然可以享受所有的愉悅，卻得承擔一個風險：萬一接觸到傳染病，他自己會受害，也會傳染給未來的性伴侶，以及伴侶的伴侶。你們一直使用保險套的唯一原因，就是因為你們知道，其他人可能懶得用。

你的男朋友完全清楚這點。他可能也知道，某些性傳染疾病對女人的影響比男人更為嚴重，例如披衣菌。不安全的性行為有優點，也有風險；身為一個經濟學家，他可能早就判定值得冒這個險。

但你不必擔心。

經濟學家都很理性，你的男友也會避免那些最不安全的事——比方說，共用針頭，或是與性工作者進行沒有保護措施的性行為。所以，你主要的風險，就是他曾與大量像你一樣的普通女人有過不安全性行為。但這機率有多大呢？我猜機率很低，通常不會有人排隊等著要跟經濟學家上床。

負面外部性：在經濟體系中，某個體的行為導致另一個體受益或受損，卻沒有承擔相應的義務或獲得回報，就稱為外部性。可區分為外部經濟（正面外部性）及外部不經濟（負面外部性或外部成本）。例如在路邊種花，讓其他人聞到花香就是正面外部性；而工廠排放廢氣，讓附近的人受不了，就是負面外部性。

喝醉才覺得她美

往好處想：酒精和她，是互補品。

親愛的臥底經濟學家：我跟女友交往了好幾年，最近我發現，只有在喝了幾杯酒之後，我才會真正喜歡她。這段感情值得繼續下去嗎？——來自倫敦的大衛．皮君

親愛的大衛：

我了解你的感覺。就像我，只有配上美乃滋時，我才會喜歡薯條。這讓我的腰圍很倒楣，卻不影響我對薯條的感情。

照你的說法，就像薯條和美乃滋，酒精和你的女朋友是互補品。我想這並不是問題。如果只有你才有這種感覺，那才是個問題。但並不是，很多人都發現酒精有催情作用。今年聖誕節，數以萬計的情侶們就將在聖誕節期間的酒精協助下，再度發現彼此的魅

力。我自己就是九月出生的寶寶，我父親也是，還有我姊姊和姊夫，外加他們的兒子。你一點也不孤單！

當然，飲酒過量有礙健康。或許你擔心的是這一點，但似乎也不必多慮。政府建議成年男子的適當飲酒量，是每天不超過三至四「單位」酒精——大約等於兩品脫（九五〇毫升）普通濃度的啤酒。而由於一般英國伴侶宣稱大約每三天做愛一次，因此你應該可以適當地潤滑自己，同時不會給你的肝臟施加太大的壓力。只要避開那些太高難度的技巧就可以了。

在我看來，有一件事你倒是得注意：千萬別讓你女友懷疑，你得借助酒精才會發現她的魅力。在我們的文化裡，喝酒是很平常的事，所以要掩飾你沒那麼癡情，應該不會太難。只是別再做任何蠢事——例如在一份全國性的報紙上討論這個話題。

微醺的，臥底經濟學家

請跟我交往吧！

——只有製造劣質商品的人，才不敢提出保固的承諾。

親愛的臥底經濟學家：我自認討人喜歡，卻老是約不到女人。大家老是跟我說，我給人的第一印象很不好，所以我得讓女人更了解我一點。有朋友拉我去參加快速約會，但我覺得一連串三分鐘的交談，只會帶來災難。我該怎麼做，才能說服女孩給我機會呢？——來自倫敦克拉珀姆（Clapham）的詹姆斯．艾欽森

親愛的詹姆斯：

很多人都有同樣的困擾。

不光是人，產品也是。想像一下，有一家新的製造商想說服多疑的消費者，說他們製造的DVD光碟機很可靠。但沒人聽過這家公司的名字，消費者又怎麼知道這種光碟機不

會買了幾星期就壞掉呢？

這家公司能做的，就是提供退款保證，比方說，三年內機器壞了，就可以免費換新機，或原款奉還。這會讓消費者感覺有保障，但更重要的是，這種保證傳達出一個清楚無誤的訊息：製造商對自家產品有信心。

至於製造劣質商品的人，就不敢提出保固的承諾了。

你也一樣，必須提出退款保證。建議你，下回去參加快速約會時，帶著兩張熱門舞台劇的戲票，送給你喜歡的那個女孩。告訴她說，你相信只要她有機會了解你，她一定會喜歡你；你可以建議她，把這兩張票用在你們的第三次約會。這顯示你有信心，她會想要跟你約會到第三次。如果沒有第三次，那她可以找其他人陪她去看戲。

我想這招應該有用。可以確定的是：那位幸運的小姐，會對你留下難忘的第一印象。

快速的，臥底經濟學家

兩人約會，該誰付錢？

——不要為了如何分配戰利品而起爭執。

親愛的臥底經濟學家：我最近出差到紐約，工作在星期六上午結束。我邀女友來紐約會合，共度一個夜晚。我們交往以來，大筆的支出都是分攤，所以我提議，她出自己的機票錢，然後旅館錢兩人分攤。但是她說，因為我公司替我付了機票錢，所以她的機票錢我應該幫忙出一半。我反駁說，如果她認為在紐約度過一個美好夜晚（晚餐和其他費用當然由我出）的效用值得花這個機票錢，她就來；否則，就不必來了。誰是對的呢？——約翰．維格曼，電子郵件

親愛的約翰：

你思考這個問題的方式完全錯了。你和女友都各持己見，但這個歧見，其實牽涉到一個更大的賽局。

這次旅行，是雙方都能得利的，但你們兩個卻在為如何分配戰利品而爭執。老實說，沒有正確的分配方法。儘管你們通常會分攤大筆費用，但這回你承認自己會付晚餐和娛樂的錢，也就是說，你自己也承認誰來出錢並不需要太充分的理由。

你可能認為，應該有某種經濟學定理，能給你一個明確的答案。這真是大錯特錯。你們往後還會有很多次類似的爭執，而賽局理論顯示，在一個無窮重複賽局（indefinitely repeated games）*中，可能的結果有很多，有的好，有的壞。最好的結果，就是雙方合作、且都能得利。這表示，如果你大方一點，就可能讓這段感情走得長遠。

當然，如果你和女友的關係很短暫，那麼小氣一點對你是有百利而無一害的。這麼一來，你所主張的處理方式，就是正確的。

無窮重複賽局：重複賽局是一種特殊的動態賽局，其架構是重複玩很多次的同一個結構的單期賽局（stage game），重複玩T次，其報酬是T個單期賽局報酬的加總。如果重複無窮多次玩單期賽局，就是無窮重複賽局，而參賽者的報酬則是各單期賽局報酬折現值的加總。單期賽局分析的是短期互動關係，而重複賽局分析長期互動關係。

除毛好痛喔

——做一個會害自己很痛的投資之前，務必把你想要的先弄到手。

親愛的臥底經濟學家：有種比基尼熱蠟除毛法，一般當男友的似乎都喜歡那個效果。但是好痛。你認為除毛的成本和效益是什麼？——希維雅，電子郵件

親愛的希維雅：

謝謝你說出自己的煩惱。我自己從來沒有接受過比基尼除毛法，也不想評論其成果的美醜。

不過，我相信你可以用到一個非常重要的經濟學洞見：你是在做一個經濟學家所謂「針對特定關係的投資」（relationship-specific investment），這種投資，會有種種後果。

無可否認，接受比基尼除毛法不像生個小孩，或是在身上刺個「希維雅愛提姆」的刺

青那麼嚴重。但這種除毛法的成果，可能只有一個男朋友可以享受；萬一到頭來他不喜歡，你也沒法展示給別人看，除非你的調情技巧非常「坦率」。

當一家企業要增添設備，以滿足某個特定的客戶時，通常都會安排好雙方分攤成本，或以長期合約做為保障；有時，客戶甚至會併購這個供應商。不採取這些預防措施的企業，就會有吃虧的風險：一旦這一方做出承諾，成本也花下去了，對方卻爽約不玩了。

對你來說，分攤成本的方法，也許是請他帶你到外地度一個特別的週末；要跟他談長期合約，則可能是講好以後他得負責洗碗。至於併購呢？當然，就是婚姻了，或者是訂婚，要他用一顆夠貴的鑽石來保障你。

不論你希望從男友那邊獲得什麼，要做這個害自己很痛的投資之前，務必把你想要的先弄到手。你要了解自己的談判優勢會在何時減弱，或是……被除得一乾二淨。

禿頂無毛的，臥底經濟學家

誰先開口求婚——這問題，早就過時了。

親愛的臥底經濟學家：傳統上，女人都得等男人求婚——或者是主動開口跟你交往。這種做法是不是很過時，而且不公平呢？——來自愛爾蘭都柏林的費歐娜．歐卡拉漢

親愛的費歐娜：

這種做法在一九六二年就過時了。當時，蓋爾（David Gale）和夏普利（Lloyd Shapley）發表了一篇論文，討論誰和誰結婚的問題；他們想找出一個男女配對的方式，以確保不會有潛在的一對偷情男女更想跟彼此結婚，而不想要他們真正婚配的對象。有些單身男女可能會沒人愛，但只要沒有人想跟他們結婚，這個狀況就被稱之為「穩定分配」（stable assignment）。

蓋爾和夏普利提出了一個演算法，以確保能產生穩定分配。每個人都跟他們最喜歡的伴侶求婚；然後每個女人都拒絕掉其他比較不喜歡的男人，只留一個最喜歡的，但遲遲不答應，以防萬一會有更好的出現。接著，被拒絕的男人會向其次喜歡的女人求婚，而女人又都拒絕其他所有的男人，除了至今最好的。整個自辱辱人的過程，就這樣繼續下去。

到最後，這個演算法會產生一個穩定分配——每個人所擁有的伴侶，都會是自己可以選擇範圍內的最愛。不過，這同時也會產生千千萬萬個破碎的心；這個分配想必很穩定，因為不會有人想再經歷一次相同的過程了。

如果改成由女人求婚、男人拒絕，這個演算法也同樣有效。表面上，我們看不出該誰向誰求婚比較好，但數學可毫不含糊：所有現存的穩定分配中，男人求婚，對男人最有利，對女人最不利。這個研究發表至今已經將近五十年，傳統觀念大概早該改變了。

遠距戀情，禁得起考驗嗎？

——記住：澳洲人喝高級加州葡萄酒，比加州人自己還多。

親愛的臥底經濟學家：我跟同校一個男孩交往快一年了，我覺得他就是我的「真命天子」——但我們即將分居兩地，到不同的城市上大學。這段感情禁得起考驗嗎？我能做些什麼事情來維繫呢？——來自英國達拉謨郡（County Durham）的娜塔莎

親愛的娜塔莎：

我明白你的煩惱，但你的前景一片光明。遠距關係總是會對雙方造成壓力，但還是要看你如何加以利用，成為你的優勢。

美國喬治梅森大學（George Mason University）的經濟學家泰勒．柯文曾指出，艾智仁—艾倫定理（Alchian-Allen Theorem）*可以適用於任何遠距關係。

簡單說，這個定律就是：澳洲人喝的高級加州葡萄酒，比加州人自己還多，反之亦然。因為最昂貴的葡萄酒，才值得花這個運輸成本。

同樣的道理，大老遠跑去看你男朋友，共度的夜晚當然不能只是窩在他家看電視，吃外賣的印度菜。為了要讓這趟旅行的固定成本花得值得，你會要求香檳、愉快的談話，還有充滿激情的性愛——這是一定要的。

同時，最適實驗理論指出，在你人生這個青春初綻的階段，很可能會遇到更好的對象。既然你男朋友不在身邊，何妨多出去交交新朋友呢？

最後，不妨藉此測試一下你對潛在新男友的談判力量，比方說，誰來付晚餐費用。你和新男友達成協議的最適替代方案，就是你的舊男友，你信中已經承認他是個很棒的結婚對象了。

這讓你站在一個很有利的談判位置——當然，除非那小子自己也有一段遠距關係。

遠距的，臥底經濟學家

艾智仁－艾倫定理：當同等的附加費用加在兩個相似產品上，消費者將增加對其中高品質產品的消費量。例如蘋果在原產地分高、低級，價格各為2跟1元，高級蘋果的相對價格就是2個低級蘋果。若運到外地每顆要加1元運費，高級蘋果（3元）的相對價格變成1.5個低級蘋果（2元），反而比在產地便宜。因此外地人會增加高級蘋果的相對消費量。

愛上好朋友，我該表白嗎？

——你知道她知道你知道……

親愛的臥底經濟學家：我愛上了最要好的朋友。每回在一起都愉快極了，但她從沒明白表示對我有相同的感覺，原因我也不太明白。要是我向她表白自己的感情，就得冒著疏遠這個朋友的危險。真是難以開口告白啊。——來自奧地利的F

親愛的F：

現在許多經濟學家都很關心「知識」（knowledge）的研究。他們把知識區分為「互知」（mutual knowledge）——你自己知道，她也知道，但你不曉得她知道，以及「共知」（common knowledge）——你知道她知道你知道……如此以至於無窮盡，總之，完全沒有祕密。

這兩者的區別恐怕太細微了，但在你身上可能正好是關鍵。坦白說，最可能的狀況，就是你的朋友完全可以看透你，但寧可忽視你對她的暗戀。這種只有互知的模糊狀態下，可以保持你們的友誼，但告白就會造成共知，因而摧毀這段友誼。

還有一種可能，就是你所希望的：她也愛你，但不知道你愛她。你必須在毫無風險的狀況下搞清楚這件事，不過也不難，找個她的朋友去私下問就好了。

另一種做法，當然就是寫信給《金融時報》。這樣一來，如果你的朋友是假裝沒注意到你的熱情，也可以假裝沒看到你登在報上這封信，避開了「共知」的毀滅性透明度，而你們的友誼也可以繼續下去。相反的，如果出現了奇蹟，其實她愛你，只是不知道你也喜歡她，那麼，你寫給《金融時報》的信，就可以幫你達成心願了。

接下來幾天，你就好好祈禱吧。

透明的，臥底經濟學家

真愛難尋？——放心，人總是很快就降低標準的。

親愛的臥底經濟學家：我在尋找「真命天子」。他真的存在嗎？——來自巴塞隆納的露絲

親愛的露絲：

在眾多「丈夫候選人」中，如果你能知道婚姻的要素中，哪些是大家都能辦到，哪些又是「真命天子」才能辦到的，可能會對你有幫助。

首先，婚姻提供生產上的規模經濟*，尤其是生小孩。丈夫和妻子可以根據各自相對的優勢，專注於不同的技能。我相信你一定明白，幾乎任何人都可以帶給你這些規模經濟。其次，是消費上的規模經濟。兩個人只需要一個花園，而且共用一個廚房就夠了。

接下來真正的問題是：你是否夠喜歡你嫁的那個人，因而能享受到這些好處？

這方面經濟學家本來沒有什麼研究，直到貝蘿（Michèle Belot）和法蘭切斯科尼（Marco Francesconi）有了突破性的進展。他們分析了一家快速約會公司的資料後發現：女人喜歡身材高、富有、受過良好教育的男人，而男人喜歡身材瘦、受過良好教育、不吸菸的女性。

這些發現並不讓人意外，但有趣的是：當選擇變得稀少時，不論素質如何，女人都會「勾選」前百分之十的男人，認為值得進一步交往。要是這些男人普遍比較矮、比較窮，女人就會降低自己的標準，繼續勾選其中的前百分之十。

男人也一樣，會放棄自己不切實際的想望。不論素質如何，他們都會「勾選」大約前四分之一的女人。即使該公司規定，參加者如果覺得約會中沒有喜歡的人，就可以再免費參加一次快速約會，以做為補償。

我的結論是這樣的：即使你堅守條件，也不會為你帶來什麼損失，人們還是很快就會降低自己的條件水準。我的建議是：你也比照辦理吧。

規模經濟（economies of scale）：指在一定的產量範圍內，隨著產量增加，平均成本不斷降低的現象。然而並非生產規模無限制擴大，就會持續帶來規模經濟效益，有時生產規模擴大卻會導致單位生產成本的遞增，稱為規模不經濟（diseconomies of scale）。

失戀的補償

——這就是為什麼，求婚時要幫對方戴戒指。

親愛的臥底經濟學家：我的男友是永續經濟發展研究員。他突然要跟我分手，我是否應該得到補償？我為了他，放棄與家人共度聖誕節，飛到大西洋對岸去看他，而且用掉我二十天年假中的十一天，在感情上和財務上都做出投資。他說過「明年我們可以跟你的家人一起過聖誕節」，但根本不會有明年了。——來自倫敦的蘇菲

親愛的蘇菲：

哎呀。看來你是上當了，這是一個老花招的不同版本：承諾他明天醒來依然會尊重你。顯然，你應該得到補償，但這其實不是重點。問題在於你是否有希望拿到這個補償。

生活中總是充滿這樣的狀況，我們常被要求今天承擔一個成本，以換取日後的利益

——比方說，薪水通常就是在完成工作後才支付。我們忍受這種風險，是因為我們信任對方——這個人或公司——的聲譽，通常還有法院當後盾。

如果這個聲譽毫無價值——比方說，他是個「永續經濟發展研究員」——那麼就得找法院幫你撐腰。一九二〇年代，如果有女人答應求婚、跟無賴的未婚夫睡過覺，然後被甩掉（這個狀況跟你類似），美國的法院就會接受女方提出「毀棄婚約」的訴訟。但現在法院已經不再接受這樣的訴訟了，這就是為什麼，現在傳統上這類求婚要附上無法退回的抵押品，戴在你的左手無名指上。

如果你剛好有這麼一件抵押品，很好。否則你這些痛苦唯一換到的，就是寶貴的一課。

外遇選擇權

——要不要搞外遇，得看你「賺夠」了沒……

親愛的臥底經濟學家：我三十八歲，對老公沒感覺了。過去兩個月，我一直發了瘋似的跟另一個男人調情。我們常常碰面喝酒，最近我們的談話開始變得鹹濕。我很確定，如果我願意，還可以更進一步發展。但我應該這麼做嗎？——來自倫敦的席拉

親愛的席拉：

聽到你的難題時，我立刻想到《政治經濟學期刊》（*Journal of Political Economy*）上的一篇舊論文：〈一則外遇的理論〉，作者是耶魯大學的經濟學家費爾（Ray C. Fair）。

費爾教授把外遇視為一個時間分配的問題，以此建立模型。聽起來似乎很奇怪，但思考費爾教授的方法後，我發現：外遇的確會占用許多時間，而這個事實，的確會在大部分

偷情者的生活中，造成很大的陰影。

也就是說，如果你三十八歲，對老公沒感覺，正在考慮要學打羽毛球，那麼費爾教授處理這個問題的方法，也同樣適用。

你可能會覺得，外遇好像還有別的重點，不只是時間分配問題。我想，你指的重點應該是「不確定性」——你不知道這段外遇會帶給你多少樂趣，也不知道你老公往後會不會比現在更無趣。

這很難做成本效益分析，但我們可以確定地說：你這段潛在的外遇，代表了一個有價值的選擇權。就像所有的選擇權，最好是忍到這個選擇權可以讓你「賺在最高點」時，才去執行它。也就是說，建議你等到你徹底厭倦了你老公，而且覺得這個婚姻完全沒救了，再來執行這個「外遇選擇權」。

而在此之前，何不好好享受鹹濕的談話即可？那可能比外遇本身有趣得多。

忙碌的，臥底經濟學家

學業與愛情——性愛好玩得出奇，但會讓你的成績下降。

親愛的臥底經濟學家：我十七歲，正在修讀初級經濟學。我很多朋友都在認真談戀愛了，我也想找個女朋友，但又擔心會分心而影響課業。我該如何做成本效益分析呢？

——來自英國白金漢郡（Buckinghamshire）的班

親愛的班：

很多經濟學家都討論過這個問題。社會保守分子最近主張「婚前禁欲可以增進品格和自我控制力」。

看來似乎更可信的，就如同經濟學家塞比亞（Joseph Sabia）在一篇文章中指出的，「如果性交的實際效益高於事前預期，青少年可能就會把原先投資在人力資本上的時間和精力，轉而投資在未來可以獲得的性愛上。」

用正常人聽得懂的話來說，意思就是：性愛可能會讓人分心，因為它好玩得出奇。處女或處男的學業成績比較好，這一點大家都不懷疑。但原因是性行為會傷害腦細胞，還是因為本來就覺得學校很無聊的小孩，才會去更努力尋找好玩的事情呢？塞比亞教授在《經濟學報》（*Economic Inquiry*）的文章中，分析了青少年決定初夜年紀的數據顯示：想要體驗性交的小孩，在學校的成績本來就已經不好了。

塞比亞教授的研究結果證明，女生似乎不會因為失去童貞而有絲毫分心——也許是因為她們那些年輕男友的性技巧，不足以讓她們分心吧。

不過小心點，因為對男生來說就不是如此了。塞比亞教授發現，失去處男之身，會讓你的成績下降幾個百分點。這就是我數學不好的藉口，而且我到現在依然堅持是如此。

網路交友須知

——假如你同時向太多家廠商採購，對方會沒安全感，也不會願意投資在與你合作的關係上……

親愛的臥底經濟學家：我剛加入了一個交友網站，希望能找到真愛。我有些朋友都已經開始跟網路上認識的人約會了，我該怎麼做呢？——來自倫敦的鄧肯

親愛的鄧肯：

每個人都希望從更多人選當中，找到最理想的對象。但網路交友讓我們有了更多無窮的選擇，因此，嘗試透過更多次約會來換取經驗的法則，可能就不再適用了。

你可能會很自然地以為，只要設定自己從多少次的約會中，選出「真命天子（女）」就行了。但這想法太天真了。你真正必須做的是：把選擇所帶來的種種好處，與你頻繁約會所可能造成的影響，兩者加以權衡。

這就像是一家公司，在評估要用幾家供貨商最理想。跟較多家供貨商往來，的確可以選擇最便宜且最好的。但是家數太多的話，供貨商會沒有安全感，也不願意投資在這段合作關係上頭。

你的最適選擇，要看你想要的是什麼。如果想遊戲人間、找樂子，那麼保持「選擇開放」是最理想的。但如果你希望伴侶跟你生小孩，在你寫小說時支持你，或是跟你分攤買一棟房子的成本，那麼你就得讓她安心地相信，沒有其他候補的競爭者。

在某些產業裡，跟兩家以上供貨商簽約是很常見的做法——這樣就可以帶來足夠的競爭，讓每家供貨商都保持警覺；但同時也有足夠的保證，可以刺激供貨商大幅投資在這段合作關係上頭。以你的狀況而言，就是找到一個妻子，外加一個長期情婦了。

最適狀態的，臥底經濟學家

要狗還是要我？

──不要期待能得到你想要的答案。

親愛的臥底經濟學家：我和一個男人約會了幾個月，現在進入相當認真的階段。只有一個問題：他的狗。我對狗沒有強烈的好惡，但他有這麼一隻養了好幾年的雜種狗，而且似乎愛牠比愛我還深。我應該先按捺下我的種種疑慮，看我們的感情會發展到什麼程度，還是選擇老套的「把狗送走，不然我走」的最後通牒呢？我該怎麼做？──來自英國凱特林（Kettering）的恐狗症患者

親愛的恐狗症患者：

這不是好消息。證據──從經濟學家史瓦茲（Peter Schwarz）、綽耶（Jennifer Troyer）和沃克（Jennifer Beck Walker）所收集到二十年的數據──顯示，狗狗可能真的會帶賽你

們的關係。

你信中沒提到你們是否打算生兒育女，但如果你們想，那麼這隻狗就會是個問題了。有年幼子女的家庭傾向於不養狗——這顯示，狗是嬰孩的很好替代品。或者反過來，有養狗的家庭，通常就傾向於沒有年幼子女。

如果你度過了這個危機階段，等到小孩較大，你家裡就比較可能會想養一條狗。不過到時候，現在的這隻可能已經死了。所以不光是這隻狗的問題，而是你們家永遠會有狗。

更糟的是，統計數字顯示：一個家庭賺越多錢時，女人會傾向於把錢花在小孩身上，而男人則傾向於花在寵物身上（把那隻狗當成超級玩具，就像一輛重型機車或一組講究的hi-fi 音響）。看起來，似乎只有貧窮，才能讓你們不必為了如何花錢而激烈爭吵。

所以，你當然可以告訴他，選狗還是選你。但請不要期待能得到你想要的答案。

狗一般頑固的，臥底經濟學家

學校裡的性教育

——小孩遲早會明白，性行為有好處，也有成本。

親愛的臥底經濟學家：我很擔心我的小孩在學校接受性教育的話，就會增加意外懷孕的機會。我該讓他們上這門課嗎？——保護的家長

親愛的保護的家長：

你的擔心是對的。我們可以輕易發現，為什麼避孕相關資訊可能會鼓勵性行為——因為避孕法可以降低性行為的成本，而且效果可能比你想的更誇張。

簡單講，你的問題關鍵是：「固定成本」。用生產電腦軟體來舉例，就很明白易懂了。製造第一份軟體，可能要花好幾億美元，第二份拷貝的成本就很低。失去童貞也是一樣：第一次性經驗要付出心理上的成本，但一旦付掉之後，未來的經驗就容易了。（經濟

學的學生會明白其中含意：性行為有規模經濟，所以要嘛就是有很多性經驗，否則就完全不要有。）

伴侶關係也一樣，與對方的第一次性經驗大概都有固定成本。

無論是哪種狀況，如果能取得避孕用品，第一次性經驗就比較可能是在選擇之下發生；跨越這道障礙後，青少年可能會覺得性愛太有吸引力了，因而即便在無法避孕的狀況下，仍然會進行。杜克大學的阿奇迪亞科諾（Peter Arcidiacono）和哈迦（Ahmed Khwaja），以及美國疾病防治中心的歐陽麗靜這三位經濟學家相信，青少年的行為的確就是如此。

但我不會勸你不讓小孩上性教育課程。如果你的目的是要防止懷孕和疾病，雖然不能說你錯，但你也太極端了。你的小孩早晚會明白，性行為有益處，也有其成本。或許，你也該更新你這方面的記憶了？

性愛初體驗——女人失去童貞是一種投資；男人失去童貞只是一種消費。

親愛的臥底經濟學家：我目前三十出頭，還是處女。這樣應該嗎？——來自紐約的葛蘿麗亞

親愛的葛蘿麗亞：

我來列出相關的經濟理論和證據吧。先看理論：經濟學家常常推論說，對於該跟誰性交，女人應該演化出比男人更謹慎的偏好。基本的理由是，要製造出一個寶寶，女人得花上九個月，但男人只要花大約九十秒。總之，比起以前這些偏好所演化的環境，現在的生育控制要做得好很多。這樣看起來，或許你的確比別人更謹慎。

那麼證據呢？經濟學家柯林斯（Alan Collins）在一篇題為〈資本資產的喪失價值：策

略性失貞的經濟學〉（Surrender Value of Capital Assets: The Economics of Strategic Virginity Loss）的論文中，評估男人和女人失去童貞的情境是否有所不同。關鍵結論是：將近六成的女人說，她們失去童貞是因為愛對方；但持相同理由的男人，只有三成五多一點。

柯林斯相信，這符合社會心理學的觀點，認為女人失去童貞是一種投資，所以必須謹慎選擇自己的性伴侶；男人則只不過是從事消費——也就是，找樂子而已。柯林斯也發現，跟朋友談話以獲得性知識（而不是別的管道，例如讀書）的人，比較可能為了非浪漫的理由而失去童貞。或許，這是因為他們想藉此得到一些談話的題材。

我建議你，找些女生朋友一起聊聊人生的種種現實。一個好的投資者，本來就該從研究開始。

男校與女校裡的愛情——等你長大一點再說吧。

親愛的臥底經濟學家：我十七歲，就讀的大學預科學校最近才開始招收女生。同校的其他學生跟我一樣——全是男的。我覺得這個學校不符合我的情感需求，我在學期間將永遠無法了解真愛。老實說，我連一個戀愛對象都找不到。你能不能幫幫忙，至少給我一點希望？——來自英國貝德福（Bedford）、真正失戀的學生K

親愛的學生K：

你說得沒錯。預科學校不符合你的情感需求。就算男生的數量只是稍微比女生多一點——比方說，五十五人比四十五人——按照傳統的男女配對方式，就會有十個男生落單，他們荷爾蒙旺盛，都想設法讓女孩們相信他們是更好的選擇。明智的女生就會曉得該如何利用這種健康的競爭態勢，從中獲利。

不過，等到你長大一點，那就是你的時代了。全世界已開發國家的城市裡，適婚年齡女人都要比男人多。

適婚女人的超額供給，以及因而造成的交往劣勢，會迫使女人紛紛追求自我改進，這可以解釋為什麼比起男人來，女人傾向於比較講究穿著、受過比較多教育。經濟學家查爾斯（Kerwin Charles）和駱明慶的研究發現，如果有很多適婚男人進入監獄，也會出現類似的效果。要打破約會市場上的均衡並不會太難，而你的困境似乎特別極端。

不過，勇敢一點。我當年在你這個年紀時，上的是純男校，狀況比你還糟。一切似乎毫無希望，直到我發現，對面的女校很願意跟我們聯誼。

超額供給的，臥底經濟學家

婚前該不該住一起

——一定要先知道：他會不會亂丟髒內褲。

親愛的臥底經濟學家：我愛上了一個很棒的男人，他在情人節向我求婚了。我們計畫明年夏天結婚。我的疑問是：接下來一年，我們應該住在一起，或者該等到結婚？不論是否同居，財務的影響都不大，我也不怕有人講閒話。我只是想搞清楚，同居一段時間會讓我們的婚姻更堅牢，或是相反？——來自美國波士頓的艾斯佩絲

親愛的艾斯佩絲：

多年來，理論與證據常指出相反的方向。

首先，理論——可以遠溯至諾貝爾獎得主貝克（Gary Becker）於一九七〇年的作品——告訴我們，同居一段時間可以讓你們彼此更加了解，因而可以避免一段錯誤的婚姻。

你的男人約會時可能很有魅力，但如果他在家裡習慣內褲到處亂丟，或者會為了不想洗盤子而湊在廚房水槽邊吃吐司麵包，那就完了。

至於壓倒性的證據則顯示：婚前先同居，比較可能導致婚姻破裂——至少在美國是如此。只是過去我們還不能確定，「同居」與「婚姻破裂」兩者之間是否有因果關係，說不定導致同居與婚姻破裂的是其他因素，例如社會階級或缺乏宗教信仰等。

還好，經濟學家萊霍爾德（Steffen Reinhold）最近的實證研究指出：同居與離婚並沒有因果關係，同時，隨著更多受過良好教育的中產階級夫婦選擇婚前同居，兩者的相關性也越來越低。

我會推薦貝克的理論：趁著還沒太遲，現在就開始同居，藉此多了解婚姻。留意隨地亂丟的髒內褲。

預先警告的，臥底經濟學家

他前女友的房子

——廢話，當然是用賤價買下來。

親愛的臥底經濟學家：我快要結婚了，但有件事卻讓我很心煩：我未婚夫和別人合買了一戶共管公寓，在舊金山附近，俯瞰太平洋。共同持有者就是他的前女友，而且就住在這戶公寓隔壁。雖然他們把房子租出去了，但貸款負擔很重。我相信，那是當時他們對感情關係的投資之一，我很想把那棟房子處理掉，但現在的房市狀況卻很糟，怎麼辦？——瑪麗

親愛的瑪麗：

雖然我很同情你的難題，但我一定要糾正你。「針對特定關係的投資」，其價值對於關係中的人而言，要比關係外的人來得高，例如結婚照，就是典型的例子。從這角度說，

那棟房子早已不再是什麼特定關係的投資，只是一項沒利潤、又很難變現的投資罷了。

因此，那戶公寓是可以解決掉的，只是看起來，目前雙方都不想買下對方的持有權。你未婚夫可能認為，把他的持有權賣給別人，以現在的行情來說，他這筆投資就賠本了。但事實上，他的「損失」早就已經發生了。不願意賣掉，表示他愚蠢又頑固，在投資上也很無能。

所以我建議，你應該用賤價買下你未婚夫的持有權。往後有關這戶公寓的談判交涉，就是你和那位前女友之間的事情。如果你們順利結婚了，你可以把利潤和未婚夫共享。要是沒結婚，至少你預先安排了一些補償。

伴遊女郎

──別擔心，碰到艱難時期，你的對手自己會改行。

親愛的臥底經濟學家：我是加納利碼頭（Canary Wharf）的伴遊女郎，這個區域是倫敦金融中心之一。雷曼兄弟公司（Lehman Brothers）垮掉後，我們這個行業的需求量驟降，不曉得您能否針對我們這個行業的工作者提供一些建議，教我們如何應付這個狀況？——C小姐

親愛的C小姐：

我不知道原來伴遊服務也會受景氣循環影響，但我相信你。而你有三個選擇，只是沒有一個是完美的。

選擇一：換地方。加納利碼頭那一帶只有銀行業，你可以找一個更多樣化的市場。例

如倫敦西區，充滿了避險基金、石油大亨，還有傳統的富貴家族。不過我承認，要開發新顧客你得花些力氣。在最近一份針對芝加哥阻街女郎的分析中，經濟學家李維特（Steven Levitt）和社會學家凡卡德希（Sudhir Venkatesh）發現，這個行業非常集中化，否則阻街女郎和顧客就會找不到彼此。當然，你跟阻街女郎不太一樣，換地方或許會比較容易些。

選擇二：在加納利碼頭區繼續撐下去，希望當你的競爭對手因為無利可圖而退出之後，供給量下降的市場能讓你活下去。李維特和凡卡德希發現，碰到需求量激增時（例如七月四日美國國慶日，就是賣淫生意的高峰，沒想到吧？），阻街女郎配合的彈性通常很高——當地現有的妓女會延長工作時間，其他地方的妓女會來到這裡，原先不賣身的女人也會開始下海玩票。反過來說，碰到艱難時期，你的許多對手就會選擇改行。

選擇三：你可能會發現，伴遊服務有點像是房地產經紀人——即使需求量大幅下降，價碼也不太會減少。你會發現，自己的工作酬勞還是很高，只是常常會閒著接不到生意。你可以利用這些空出來的時間進修，或是找個兼差的副業。

對於房地產經紀人，我也會給一模一樣的建議。

相與謊言、權力與升遷。

這一個單元要聊的，包括如何套用自由市場原則到人生規畫，還有如何用比較利益（comparative advantage）的理論，去解釋大家都關心的生涯問題：到底該追逐金錢，還是追求夢想？我回信給一位不相信自己能明智處理意外之財的樂透得主，同時回應了一個古老的問題：金錢是否能買到快樂？現在已經有一些「快樂經濟學家」在研究這個主題，而我簡短的回答是：當然可以，但不要指望價格會很便宜。

生涯經濟學

你在哪上班？

從求學到邁入職場，工作占據了我們大部分時間、決定了我們的心情，甚至定義了我們的身分。當我們剛認識一個人，第一個認真的問題很少是「你結婚了沒？」或「你的嗜好是什麼？」，而是「你在哪上班？」。

我們針對這個問題給的答案，不光是定義了別人眼中的自己，也形成我們對自己的看法。我們經濟學家總是愛說：經濟學，除了關心跟錢有關的事，還能為你的生活帶來深刻的洞察力。

對於金錢，經濟學家其實很冷漠。錢會把稍微令人心煩的事情，弄得讓人更心煩。很多人可能會期待經濟學家教大家如何賺錢，但我很少給人財務上的建議。我更關心的，是工作環境裡更深層的動向：辦公室政治、真

公司要我馬上去報到

——別急。如果你一月是人才，到了六月你還是個人才。

親愛的臥底經濟學家：我今年夏天即將從大學畢業，已經陸續向一些大銀行和顧問公司求職。有其中兩家提供我工作，但如果我沒在十天內回應，他們就要撤回錄用。這兩份工作都很好，我不想失去機會，但又想看看還有其他什麼選擇。我該怎麼做？

——來自劍橋的蘇珊．史密斯

親愛的史密斯小姐：

很多公司會要這種「擠爆型錄用」（exploding offer）的把戲。有些職場專家會說，如果有哪家公司的人力資源部門這麼做，你就絕對不該去工作。這個推論很合理，但必須是這個人力資源部足以代表整家公司——幸好，通常並非如此。

不過，我倒是認為賽局理論能給你更好的建議。因為，賽局是觀察參賽者的上一次動作，再由此倒推回去找原因。

通常，只打算雇用一個求職者的小公司，的確可能會有正當理由希望你趕快決定；但大公司如果也這麼說，那就是在跟你玩謀略了。取消錄用你的話，對他們並不有利，因為如果你一月時是個好人選，那麼到了六月也還會是個好人選。

有的大公司為了讓這類威脅看起來更可信，還會告訴你，這是公司很嚴格的規定。但問題是，如果最頂尖的好人選只因為逾期回應而被取消錄用，那麼這條規定就會導致該公司最後只能錄用程度較差的應徵者。

還有，那些被迫接受這種條件的大學畢業生，基本上傳遞了一個訊息：他們沒把握自己能被別家公司錄用。換句話說，如果你先等等看再說，結果可能有兩個：一，發現公司的威脅是玩假的；二，公司玩真的，取消錄用你，但這時你應該可以發現：自己不會想要這份工作，因為你的同事都會是二流人才。

所以，建議你禮貌地拒絕，不必倉卒接受工作，靜觀其變。

耐心的，臥底經濟學家

大家一起擺爛，可行嗎？

——別傻了，每個人都有偷呷步的誘因。

親愛的臥底經濟學家：我正在修經濟學課程。老師給成績是呈曲線分布，最好的百分之十學生拿到第一級成績，接下來百分之二十拿到第二級成績，依此類推。如果所有修課的學生講好一起偷懶，那麼大家的成績就會一樣好。但這種事說來簡單，真要安排起來可不容易。你能不能給點建議？——來自「尖橋」大學（'Cantorbridge' College）的安德魯．史班瑟

親愛的安德魯：

顯然你已經在偷懶了，否則你會記得「卡特爾理論」（cartel theory）*所講的默契式勾結（tacit collusion）。我就來幫你溫習一下吧。

在均衡狀態下，每個學生都相當努力，成績取決於個人才智和用功的程度。你們全都希望少用功一點，不必那麼努力就拿到同樣的分數，但這並不是均衡狀態，因為每個學生都有偷偷更用功一點的誘因，好確保不必太努力就可以拿到第一級分數。

因此，為了確保大家一起偷懶的協議不被破壞，你們需要增加偷懶的獎勵（例如安排有便宜啤酒的活動），減少用功的利益（逼大家分享自己的研讀心得，安排輪流上課以便傳閱筆記，組成複習小組以防有人私下用功），並懲罰那些讀書蟲。

懲罰很重要。把那些讀書蟲變成社交賤民；隨時只要逮到有人在用功，就安排大家一起發憤用功一陣子，這樣一來，每個人付出的努力增加了，但相對成績卻不會有變化。

這種策略要發揮最好的效果，就是人人必須彼此監視：不斷持續評估他人，以便提早揪出偷偷用功的讀書蟲，並採取行動以打消他讀書的熱誠。

便宜的啤酒、拿別人的筆記、欺負用功的學生，這類事情你應該不陌生，在其他大學似乎也很管用。

卡特爾理論：廠商彼此合作，公開協調出價格與產量來維持其獨占利益，這種公開勾結的行為就稱為「卡特爾」，最典型的就是石油輸出國家組織。而不訴諸文字，沒有明白協定的勾結行為則稱為默契式勾結。卡特爾這種勾結行為要成功，必須確保所有成員都會遵守協議內容，一旦有成員偷偷增產以增加利潤，其他成員也會仿效，卡特爾就破功了。

他們聯合起來對付我

——很簡單：提高「不聯合」的好處。

親愛的臥底經濟學家：我在一所頗有名望的大學裡教經濟學。學校規定，打分數要根據同班學生的相對成績，而不能有任何絕對標準。但我懷疑，他們可能打算一起偷懶，這樣他們就不必太用功，照樣可以拿到相同的分數。看到了上星期的「親愛的經濟學家」專欄，那封讀者來函顯然就是我的學生寫的。我該怎麼辦？——來自「尖橋」大學的X教授

親愛的X教授：

任何想組織「懶蟲卡特爾」的企圖，都很可能被暗中破壞。因為每個學生都有私下更用功一點的誘因——他們只要多付出一點點努力，就能得到高分。這個卡特爾會設法提高

偷懶的報酬，並懲罰那些用功的學生。因此，你的對策，就一定要提高用功的報酬，並讓懲罰更加困難。

首先，你不能再給學生任何期中分數，或有建設性的評語。這樣他們就更難確定誰的表現比較好。其次，講課時跳掉重要的、容易靠上課筆記就得知的內容，並確定這類內容可以在偷偷閱讀教科書時找到。另外，要列出超長的參考書目，這樣學生就很難查出誰在讀什麼。

最後，務必以一場大型期末考試來測驗學生的成績，而不是透過學期間持續性的評估手段。這麼一來，那些偷懶的學生會發現，很難監控到底誰在偷偷用功；而等到他們發現時，課程已經結束，一切都太遲了。

你是經濟學老師，如果你不能智取學生的卡特爾，那麼反正他們從你身上也沒法學到什麼本事了。

樂在工作的祕密

——一份高薪但不穩定的工作，還不如一份薪水中等、但穩當的工作。

親愛的臥底經濟學家：我有個很簡單的請求：我只是想快樂而已。你能幫幫我嗎？

——來自英國科比史蒂芬（Kirkby Stephen）的潔西卡．葛蘭傑女士

親愛的葛蘭傑女士：

這沒什麼好難為情的，而且你找對地方問了。近年來，經濟學家一直在努力研究這個主題。

諾貝爾經濟學獎得主卡納曼（Daniel Kahneman）的一份研究中，曾找大批職業婦女做抽樣調查，要她們敘述自己前一天從頭到尾做了些什麼、有什麼感覺。

如果要根據這些婦女的經驗，來決定自己該怎麼做，那麼你最好的選擇，就是大量性

交。另外，運動、食物、祈禱、社交，也可以讓你感到快樂。通勤，會讓你覺得自己人生很悲慘。有任何人陪伴，都會提振你的心情，除非另一個人是你上司。至於跟上司上床會不會比較快樂，卡納曼教授的調查就無法提供你建議了。

對人生的種種選擇，你或許需要一個比較長期的觀點。倫敦政治經濟學院的萊亞德教授（Richard Layard），最近就全面考察了這個主題。乍看之下，他提出的一些深刻見解都很尋常：當離婚和失業害你難過時，金錢的確可以買到一些快樂。為了讓你理解其效果的差異，他還算出了：當「失業」加上「失去三分之一收入」，你的沮喪程度將比單純「失去收入」超出四倍。離婚也同樣糟糕；分居但沒離婚，就更慘了。

我的建議很清楚：首先，不要做出任何危及婚姻的事業選擇；其次，比起一份高薪但不穩當的工作，薪水中等但穩當的工作，會讓你更快樂。

最後，凡事不要期望太高。同輩親友收入都很高的人、姊姊妹妹嫁給有錢人的女人，還有學歷高但收入低的人都很悲慘。這或許可以解釋，為什麼很多新聞從業者的言行那麼尖酸。

想存錢的你，有沒有雙重人格？

——白天的你，晚上的你，未來的你。

親愛的臥底經濟學家：我有個朋友，每天晚上回到家，就把零錢放進一個大大的空威士忌酒瓶中。六個月後，他就會存到三百英鎊。這似乎是個存錢的好辦法。你認為這個方式有什麼好處和壞處呢？——來自劍橋的高登．史可利普

親愛的史可利普先生：

我看不出這個方法有什麼優點。他不斷擺脫了隨身的零錢，但也因而讓自己日後的每筆交易，都會產生更多零錢。同時，他也損失了每年五英鎊的利息。還有，每六個月就拿著一瓶硬幣到銀行去，也很麻煩，遠不如在銀行的存款戶頭，設定一個定期轉存的手續會比較省事。

但是，這麼一個瓶子放在壁爐架上，倒是可以成為你們劍橋的話題。因此我們可以假設，這種存錢方法所帶來的趣味感，足以彌補其中的不便和利息損失。

即使如此，這個方式還是沒有太明顯的優點。所以我猜想，你的朋友認為這個存錢法看起來沒有痛苦。

這是教科書上無法解釋的行為，但心胸開闊的經濟學家謝林（Thomas Schelling）會主張說，你朋友的行為，可以用雙重人格來解釋——白天他想為未來的自己存錢，但晚上會變成另外一個人，把所有零錢都拿去酒館玩吃角子老虎花掉了。

那個威士忌酒瓶，就是「三人賽局」——這三人，指的是白天的他、晚上的他，以及退休後的他——裡頭一個策略性承諾（strategic commitment）的工具。

不幸的是，我不認為每個月五十英鎊，對退休金能有多少助益。我想這點錢連看心理醫師都不夠。

理性上癮

——理性上癮者，是在追求效用極大化。

親愛的臥底經濟學家：我兒子迷上經濟學了。我越沒收他的經濟學書籍，他就從我皮包裡偷越多錢去買。我希望他是個正常人，像其他人一樣常去酒館混才對。我該怎麼辦？——來自史特拉福的受困者

親愛的受困者：

你的處境的確很慘，但可以用史蒂格勒（George Stigler）、貝克（Gary Becker）、墨菲（Kevin Murphy）等經濟學家所發展出來的「理性上癮」（rational addiction）*理論來分析。

會成癮的事物，通常具有某些有趣的特質。首先是上癮本身：如果過往消費量很高，

那麼消費此事物所產生的愉悅感就越高。換句話說，上癮者過去吸收越多的海洛因、酒精，或是新古典經濟學的成長理論，現在要戒掉就越困難。

第二，過去的消費也會直接影響上癮者未來的快樂。一般而言，我們都會想到負面的上癮：以前吸食快克，現在就成了個悲慘的毒鬼。但也有可能是正面的上癮——例如對瑜珈或閱讀的逐漸上癮，可能會讓一個人越來越快樂。我就對我的太太上癮——到目前為止，這倒是帶來一些很明顯的正面結果。

令郎的上癮，大概也是正面的，這會讓他更有滿足感。但就算這是負面的上癮，你也務必要記住：理性上癮者是追求效用極大化的。他可能是被環境所迫而上癮——比方說，想逃避過度控制的父母。而試圖阻撓這種欲望，結果只會讓他更為悽慘。眼看著一份對經濟學的真正熱情，竟被經濟學文盲父母給摧毀，還有什麼比這個更令人心痛的呢？

我必須強烈要求你停止這種輕率的禁絕政策，採取更開明的自由放任路線。

推銷上癮物品的，臥底經濟學家

理性上癮：以理性選擇的觀點來分析上癮行為。上癮者之所以選擇讓他成癮的事物（儘管他們明知容易上癮，而且危險），是期望上癮所帶來的興奮會超過它所帶來的痛苦。所謂「理性」，指的是個人追求自身的效用極大化，不會隨著時間而有所改變。

太忙了怎辦——為自己訂一個「保留價格」，低於這個價錢，寧可休息。

親愛的臥底經濟學家：太多人邀我去演講了，多到我無法處理的地步。有些演講會賺不少錢，有些會很有趣，有些做起來很輕鬆。不過，還有很多既不賺錢、也不有趣，還不太容易做。這些邀請從演講日的一年半前就開始來預約，然後越來越頻繁，有的幾乎是到最後一刻才發出邀請。我該怎麼辦？——一個來自倫敦的著名經濟學家

親愛的先生或女士：

雖然不能確定你答應了就絕不後悔，但你可以相當輕易地，讓自己的時間安排達到最適狀態。

首先，把簡單、有趣、演講費等多種因素綜合起來，計算出一個分數，用以表示某個

邀約是否有吸引力。如果你事後發現自己變窮、工作過量，或是欠缺刺激，就依照情況來調整這個綜合的比例。

接著，把你日程表上的每個空格，視為單一的「最適實驗」問題。每當有人來邀約時，你憑經驗就會曉得這個邀約的吸引力程度，也知道從現在到演講日之間，還可能會有多少邀約出現。如果答案是四個，就只接受經驗中分數在前二五%的其中一個：整體而言，這可能是你能得到的最好邀約。越接近演講日，你的接受標準就應該降得越低。

同時，你應該要有一個「保留價格」（reservation price）——低於這個價錢的，你就寧可休息（我建議，尤其是在你的結婚週年紀念日）。如果你預期自己會變得更受歡迎，就可以預料會有更多具吸引力的邀約找上門來，因此就該設定更高的標準。

這方法也可以反過來用——要小心削價競爭的對手出現。你知道，現在可有很多聰明又年輕的經濟學家。

越有錢，越快樂？

——結婚，會製造出值一年四百萬台幣的歡樂；至於羨慕，則扮演邪惡的角色。

親愛的臥底經濟學家：擁有更多錢，會讓我更快樂嗎？——來自英國格拉斯哥（Glasgow）的卡爾．強斯頓

親愛的強斯頓先生：

以前有人問過我快樂的祕密，但這回你的問題相當明確。要回答這個問題，就得求助於經濟學家奧斯瓦德（Andrew Oswald）。

他和許多共同研究者曾詢問過數千人對一些問題的滿意度，分析過這些回答後，計算出一個「快樂方程式」。他的結論是，假設其他一切不變，更多錢可以讓人更快樂。支持這個結論的一篇論文，是研究意外贏得樂透彩券的得主——他們也變得比較快樂。

經濟學家已經預料到了這一點；不是因為我們相信人們重視金錢，而是因為金錢可以買到各種東西，如果買來的東西都不能帶給你任何的愉悅，那麼你一定是個超級無能的購物者。

所以你這個問題的簡單回答是：沒錯，更多錢會讓你更快樂。但是要注意：如果你的伴侶關係、健康、工作出了問題，光是追求金錢，並不會讓你更快樂。奧斯瓦德證明，伴侶關係、健康、工作這三件事，遠遠比金錢更重要。結婚，會製造出值一年七萬英鎊的歡樂（不過近年結婚的成本很高，所以這其實不算占到太大的便宜），保持健康並有一份穩定的工作更重要，值每個月數萬英鎊。

羨慕，也扮演了一個邪惡的角色。奧斯瓦德證明，隨著收入更高，快樂就會增加；但如果預期越高，快樂就會下降。你同儕團體的收入越高，你就傾向於越沮喪。這對你不是好消息：因為你問了個很聰明的問題，又在讀《金融時報》，你一定對人生的期望很高。而奧斯瓦德的研究顯示，你很可能會失望。

休閒上癮症

——你是人，還是老鼠？

親愛的臥底經濟學家：我女婿失業至今兩個月了。我看他很享受整天玩PlayStation的生活，靠失業救濟金和我女兒養他，害我女兒還不得不去當臨時工。我擔心他會習慣這樣的生活。我該叫女兒辭職，好對她先生施壓嗎？——來自英國貝德佛郡（Bedfordshire）的蓋佛瑞．皮肯斯

親愛的皮肯斯先生：

你的問題在於，你女婿的偏好是否會隨著時間而改變。也就是說，他會因為「習慣」了這種休閒生活，而更不可能去工作嗎？

眼前有兩種互異的觀點。一種是，他會對休閒上癮（也就是所謂的「福利陷阱」

〔welfare trap〕假說），因而未來會減少工作，就算他太太辭掉工作，也改變不了這點。另一個同樣看似可信的理論是：他會對他太太當臨時工所帶來的額外收入上癮，所以當她辭掉工作，為了有錢可花，他會比以前更努力工作。

過去，這兩個假說一直難以檢驗。但經濟學家卡格爾（John Kagel）成功利用一連串實驗，闡明了這件事。卡格爾首先逼迫他的實驗對象為收入而工作。然後有一段時間，他提供他們一大筆不勞而獲的收入——算是一種福利。

不意外地，大家立刻就鬆懈了。稍後他抽回這筆福利，觀察他們會比收到福利之前更努力或更懈怠。結果發現：差別很小。

這告訴我們，你女兒應該繼續工作一陣子，再看看狀況如何。這麼做，不會有什麼壞處。我認為你該想一想的反倒是：卡格爾的發現是否適用於你女婿？

卡格爾的實驗對象是老鼠。你認為你女婿跟老鼠夠像嗎？

念大學，還是找工作？

——要看你玩的是古典樂，還是爵士樂。

親愛的臥底經濟學家：我十七歲，想成為一個職業樂手（我彈貝斯）。我爸媽堅持要我上大學去念音樂系。我該去念音樂，還是直接去演奏？——來自美國芝加哥的喬安娜．凱

親愛的喬安娜：

你的決定如何，得比較「人力資本的報酬」和「其他選擇的報酬」，看哪個比較大。去上大學的機會成本（opportunity cost），是你去工作時所獲得演奏的經驗、賺的錢及省下來的學費的總和。如果你預期到了二十一歲大學畢業後，這個總和低於你念完大學所能多賺到的收入，你父母的看法就是對的。

通常這類「其他選擇的報酬」，要比去上大學的「人力資本的報酬」低得多。所以你父母的主張相當有道理，更何況，大學生活中的跑趴和晚睡晚起，比真正工作要來得有趣許多。

但我們先別急著下結論。當一個專業樂手，也會有很多跑趴的機會，而且同樣能享有不同的人力資本投資收益。那麼，假如一個樂手跑去念大學，報酬又是如何呢？

伊利諾大學（University of Illinois）的湯瑪斯．史密斯（Thomas Smith）也是個爵士貝斯手，他曾仔細研究爵士樂手的收入資料。他發現了一個驚人的事實：古典音樂或非爵士樂的演奏家，上學的報酬率是一〇%，但爵士樂手的報酬，卻是負數的。

換句話說，如果你打算演奏的是爵士樂，那麼你花在學校的每一年，都是代價很高的「不務正業」。相反的，專業演奏經驗對爵士樂手而言特別寶貴。請你父母省下他們的大學學費，資助你前兩年「人生大學」的費用吧。

種子基金——重點在「才能」，不是什麼神奇的投資術。

親愛的臥底經濟學家：我們的教堂為了募款，遵照《聖經》中關於「才幹」的故事，給經常去做禮拜的人每人十英鎊做為「種子基金」，希望大家能用這筆錢賺數倍錢回來。我該怎麼利用我拿到的十鎊呢？——來自倫敦的HT

親愛的HT：

《聖經》中這個故事是說，有一個主人要出遠門之前，按照能力的高低，把錢託付給家中的三個僕人。等主人回家時，其中兩個僕人的投資已經翻兩倍。

但這故事的重點，其實在於管家的「才幹」，不是什麼厲害的投資術。你的牧師顯然是垂涎後者，但他太傻了。

「種子基金」（seed money）這個詞，暗示著「冒著危險的資金」（venture capital，一般稱為「創投資金」），以及成長極高的期望。

很抱歉，我得粗魯地把你從白日夢中喚醒。首先，千萬別忘了，《聖經》中的猶大地（Judea），是個資本極其有限的地方。任何人要是有幸能擁有投資的資金，就會有很多選擇，一○○%的收益並不怎麼希罕。而你手上的十英鎊，今天能賺到一○%——也就是一英鎊，已經要偷笑了。

其次，「他連得」（talent）是當時的貨幣單位，一個「他連得」等於今天的至少五五○英鎊，拿出這筆資金來投資的人，可是得冒著相當大風險的。第三，有錢人的家僕，是很有經驗的金錢管理人。相反的，你的教堂卻等於是在分發花生給猴子。

最重要的是，《聖經》中這個故事中的主人，是把錢託付給無法逃跑的奴隸。而你，卻是個自由人。

通常我不太願意提供投資上的建議，但既然你問起，我就只好說了：沒有什麼能禁止你把得到的十鎊，投資在喝酒這件事上頭。

虔誠的，臥底經濟學家

我該從事哪一行？

——工作就像郵局櫃檯，排隊的人都一樣多。

親愛的臥底經濟學家：我正在一所德國大學，主修策略與生產管理，即將邁向管理顧問方面的事業領域；但電影才是我的最愛。我該依隨自己的心去做電影，即使看來風險很大嗎？——來自德國的佛羅里安．諾曼

親愛的佛羅里安：

答案要看你——或更精確地說，要看你和這些工作上的對手比較起來如何。選擇最理想的職業領域，有點像是在郵局尋找排得最短的隊伍（或許你們德國的郵局不必排隊——那就設法想像一下吧）。每一排都會傾向於一樣長；如果哪一排顯然比較快，大家早就轉過去了。

你特別選擇其中一排的唯一原因，就是比方你迷上了二號窗口的那位帥哥職員，但其他人對他沒感覺。如果每個人都暗戀他，所有排隊的人就會難以決定是要花兩倍時間排隊，只為了有機會買郵票時碰碰他的手，還是讓另一個比較不性感的職員來迅速提供服務。

至於你的職業選擇，其實就像郵局的排隊隊伍一樣，一旦你把工作環境、專業資格、報酬列入考慮的話，所有工作的吸引力都很類似。你一定要列入考慮的，不是自己是否喜歡電影，而是你喜歡電影的程度，是否超過電影業中那些領低薪、工作機會稀少的人。

你現在主修管理，未來從事顧問工作比較容易，也因此，顧問這一行對你而言，比其他潛在的事業領域更有吸引力。這就像是你在稍早選擇了排在某一列隊伍，現在快輪到你了。但總之，既然你正在考慮要去改排另外一列，那麼，或許你有足夠的傻勁，可以把拍電影當成理想的選擇。

正在排隊的，臥底經濟學家

我中樂透了！——千萬不要一次把錢領出來。

親愛的臥底經濟學家：最近我贏得了超過一億歐元的樂透彩金。我很怕這些錢會害我和朋友疏遠，也擔心自己會亂花掉。我該怎麼辦呢？——來自愛爾蘭李默瑞克（Limerick）的無名氏

親愛的無名氏：

別擔心你的朋友。即使他們都不理你，你銀行裡有一億歐元，要交新朋友不會有任何困難。倒是你擔心自己無法善加管理這些彩金，是個重要的問題。

如果你是個理性的經濟人，就會立刻將你的消費方式調整到最適狀態，以因應你大幅提高的財力。但顯然你不是，否則你絕對不會浪費錢，去買得獎機會渺小的樂透彩券，而

且現在又表示自己並不想要中獎。

經濟心理學家早就曉得，人們會違反種種經濟理論原則。總之，經濟學家李斯特（John List）的研究已經證明，這些錯誤通常都是發生在不熟悉的狀況下。只要增加經驗，人們就會表現出理性的行為。

因此，你必須取得這種經驗。我建議，把你的錢交付信託，同時規定好提領的時間。第一年，你可以領出五萬歐元，這筆錢應該可以紓解你金錢上的種種燃眉之急，同時也能為你和心愛的朋友帶來足夠的享受。到了第二年，你可以領出十萬歐元；第三年則是二十萬歐元，依此類推。十一年之後，你的錢就會全部提領出來，你也應該有很多時間思考怎麼樣花這些錢最好。你會交到比較新、比較有錢的朋友，甚至還能保住幾個老朋友。

但在你還沒變得太有經驗之前，請注意我這項建議，只收你一％的顧問費。

無私的，臥底經濟學家

買道德基金，有比較道德嗎？——沒有。

親愛的臥底經濟學家：我很有錢。我想到可以投資一種道德基金（ethical fund）*，以便用財富來表達我的價值觀。我應該這麼做嗎？——來自紐約的無名氏

親愛的無名氏：

就算你花幾十億美元去買這種基金，也不會帶來任何影響。

理論上，如果有夠多的投資者拒絕投資所謂的不道德公司，這類公司募集資本的成本就會更高，要拓展營運就更困難。但實際上，這是不太可能的。既然有大量投資者只考慮金錢上的獲利，那麼他們隨時都會找到相對便宜的不道德企業——石油公司、色情片製片商、管理顧問公司等。重視道德的投資者越迴避，這些公司對其他投資者就越有吸引力。

同時，你的決定也大概會讓你付出代價。你常常看到道德基金宣稱，他們能創造比較好的績效。這是胡說八道。即使巧到不能再巧，講究道德的公司真的表現得比較好，一個純粹追求利潤的基金經理人自然也會挑選這些公司進行投資，不會比設定種種道德規範的經理人差。事實上，由於你拒絕投資別的公司，你的道德投資所得到的收益，就會波動得比較大。

在網路股熱潮時期，有些道德基金的確表現得非常好，因為當時很多人認為，網路公司不會造成污染或違反人權。有的基金——例如「萬福馬利亞天主教價值基金」（Ave Maria Catholic values fund）——則是在泡沫破滅後表現很好，但原因正好相反：根據財經記者葛羅斯（Daniel Gross）的說法，該基金不投資網路股，是因為有些網路公司，連員工的未婚伴侶都能享有公司的福利。

其實無論你選擇哪種投資，都無法證明這些投資未來的表現。如果真能證明的話，那你也同樣可以考慮飆漲的罪惡基金。這類基金投資的企業包括賭博、酒類、軍火、菸草……還有微軟（Microsoft）。

道德基金：一種兼具投資與社會公益目的的投資類型。1920年美國東正教會決定進入股票市場投資，其投資標的排除了賭博、酒類及軍火等企業，道德基金就此形成。這類基金追求對社會大眾的責任與道德感，因此標榜環保概念、關懷社會、重視人權及減少耗損地球資源等「綠色企業」，成了此類基金的主要投資標的。

時間不夠用

——你可以向未來借時間，或者，借錢來買時間。

親愛的臥底經濟學家：我碰到了應屆畢業生的種種壓力。光是這個學期，我就得完成七個研究計畫和作業、準備我的畢業論文，另外還有五場考試。我是空手道社的社長，得花很多時間在社團事務上頭。另外我還在申請畢業後的工作，這表示接下來幾個月要去參加很多面試。每天的時間都不夠用——我該如何有效率地安排所有工作呢？——戴瑞克，電子郵件

親愛的戴瑞克：

顯然你不是經濟系學生，否則你早就解出了這個線性規畫問題，完美分配你的時間了。既然如此，我就提醒你幾個重點吧。

第一，現在你的時間是花在投資，而不是消費上——參加學校考試和申請工作，可以拓展你未來的消費集合（consumption set）。在目前的情況下，合理的方法就是**借**——你可以在提神飲料的幫助下，跟未來借一點時間。

不過，比較務實的解答，是**借錢來節省時間**——放棄任何兼差工作、盡量搭計程車、雇人幫你打掃、訂外賣食物。這樣一來，可以節省你的時間，等到你確定找到畢業後的工作，再來處理這些「成本」。

更重要的是，你要找機會從交換中獲得利益。比方說，空手道顯然是你的相對優勢，所以你或許可以說服哪個聰明的文弱書生來幫你寫畢業論文，而你報答他的方式，就是去找到他所愛慕的女生的男友，好好揍那傢伙一頓。你只要實際應用五分鐘空手道，就可能改變那位書生一輩子，又能省掉你花很多天寫論文的時間。資本主義，有時也會很醜惡的。

雇用廉價勞工——競爭，會讓人更有活力。

親愛的臥底經濟學家：我要雇一個清潔工來打掃房子。我知道一般行情是每小時五、六英鎊，但感覺上好低。我應該出更高的價錢嗎？——來自倫敦高門（Highgate）的海麗葉．川特

親愛的海麗葉：

根據古典經濟學，你不該多給。如果五鎊時薪是市場均衡價格，那你就必須出這個價錢。除非這樣的報酬找不到人，否則你不該提高你的出價。

比較新的經濟學理論則不同意。「效率工資理論」（efficiency wage theory）*暗示要吝嗇一點，但概念則是相反。按照這個理論，你出的時薪更高，就能減少流動率，讓更多

人想來為你工作，或許還能讓被你錄用的清潔工知道失去工作的損失很大，因而會工作得更賣力。

近年的實驗室研究，則提出一個比較奇怪的做法：登徵人廣告時說時薪五英鎊，但實際上給十英鎊。經濟心理學家主張，這種預期之外的獎金，會讓工人更感激，因而格外賣力。若是如此，那我們就可以放心把傳統經濟學全都扔掉了。但小心，不要太把實驗室的研究成果當回事，因為這種感激可能只是暫時的。

經濟學家李斯特和倪吉（Uri Gneezy）最近的一份研究證明了這點：他們雇用一些人做些諸如資料輸入或挨家挨戶慈善募捐的工作，但付給某些受雇者預期之外的高薪。一如該研究所預測的，收到高薪的受雇者，的確會因為感激而格外賣力工作。但李斯特和倪吉證明，這種感恩的模糊感覺為時不久——事實上，只持續到當天中午而已。

所以，你如果真想付兩倍的時薪，何不乾脆雇兩個清潔工？你會因為自己創造了更多就業機會而感覺良好，而清潔工作應該也會做得更好——有競爭者在身邊，總是能讓人更有活力。

效率工資理論：此一理論認為，員工的生產效率取決於他們所獲得的實質工資。首先，當員工獲得預期外的較高薪資，會更努力工作來報答，生產力會提升；其二，當實質薪資提高，員工因怠惰而被開除的機會成本會上升，因此會更兢兢業業做事以免丟了工作；其三，支付較高的薪資，員工流動率會降低，有助於生產力的提升。

怎樣爭取加薪

──年初，別太認真；年底，記得留守到深夜。

親愛的臥底經濟學家：為了提高我加薪的機會，我是否應該早上第一個進辦公室、晚上最後一個離開呢？──來自西雅圖的D．克拉克

親愛的克拉克：

要當第一個進辦公室的人，是有風險的。想像一下，如果你早上六點半到公司，但另一個人六點十五分就來了呢？在你「早起鳥兒有蟲吃」的想像中，倒還不如拖到十點才到公司，因為第二名是不會有任何獎勵的。

當最後一個下班的人，倒是比較容易做到。你只要等到每個人都走了，再多拖個一秒鐘就行。但道理相同，你的同事們遲早也會發現這點，所以最後離開的策略可能會流行起

來，因而代價變得更高。那麼，哪個方法最容易爭取到加薪呢？

看起來或許很奇怪，但這兩種競爭都是「拍賣」的一種形式。在這兩種競爭中，比的是努力，而不是金錢。而且這兩種競爭中，必須付出代價的，都不光是得標者。諾貝爾獎得主維克利（William Vickrey）已經證明過，令人驚訝的是，這類拍賣必然會提高所有參與者的預期收益。搶著第一個進辦公室和最後一個離開辦公室，不論誰贏，你的上司都同樣會獲利，而你們每個競爭的人，都同樣要付出代價。

我的建議，其實也是一種警告：如果你想玩這種遊戲，我個人的研究顯示，接近年底時，你的對手們已經耗光了精力及另一半的忍耐，這時你會比較容易贏得比賽。一開始別太認真，等到你的對手們鬧離婚時，再開始留守到半夜。

但或許你根本不該玩。這場比賽的贏家，有可能是對加薪期待最樂觀的人。而樂觀主義者到頭來，往往會失望。

人幹嘛燙衣服

——因為我們缺乏其他更有效的指標，來判斷一個人的能力。

親愛的臥底經濟學家：為什麼我們大部分人都會燙襯衫，但在其他很多方面卻淩亂不整呢？——來自新加坡的茱蒂絲．奧利佛

親愛的茱蒂絲：

一件潔淨無瑕的襯衫，和一個潔淨無瑕的客廳之間，有很明顯的不同——把自己居住的客廳整理乾淨，你可以享受到美感上的利益；但除非你一直照鏡子，否則你身上的襯衫，不會為你自己帶來任何美感上的利益。問問身邊的人，有多少人敢說自己沒碰到過隔了很久才發現牙縫間有片菠菜，而且還忘了梳頭？所有人都會看到，除了你自己。

那麼，為什麼我們很在乎自己整潔外觀所帶給別人的愉悅，甚於給自己帶來的愉悅？

這不是因為我們的慷慨，而是我們想製造一個良好的視覺印象，好給我們帶來財富、地位，以及一點性愛。

但這就引發了第二個問題：我們為什麼在職場上還是會以貌取人？有個打扮稱頭的男友，或許會帶來滿足感；但一個會計師再邋遢，卻根本不會影響他的工作成果。然而，當老闆的似乎都相信，一個人的外觀與勤奮、才幹有關。所以顯然外觀很重要。

若是如此，那麼我們就可以推論，在某些行業中，由於缺乏其他評估表現的有效方式，所以從業者最捨得花治裝費打扮。通常，房地產仲介人員和管理顧問，都穿得很光鮮，因為我們一般人都缺乏其他更有效的指標，來判斷他們的能力。

而在才幹比較容易辨識的行業，就不需要這些門面了。這就是為什麼，當我環顧《金融時報》辦公室，還很難找到燙得平整的男女襯衫。

不修邊幅的，臥底經濟學家

要不要跳槽？

——想像一下，假如兩份工作都要一年後才報到，但你必須現在就決定，你會選哪一個？

親愛的臥底經濟學家：我喜歡現在的工作，但覺得該往前走，也一直在探索新的機會。對手公司給了我一個工作機會，我覺得很完美，但這個職位只有六個月，是幫一個請產假的人代班。如果我想跳槽過去，就得立刻決定。另外還有個可能的工作機會，是調到我現在任職公司的海外總部。這也是我心目中的理想工作，但還要等上幾個星期才能確定。我該怎麼做？——知名不具

親愛的無名氏：

依我看，你是糾結在行為經濟學家稱之為「雙曲線貼現」（hyperbolic discounting）＊的麻煩之中了！這種常見的非理性行為，指的是**過度執迷於眼前所擁有的事物**。

很多人寧可今天擁有十英鎊，勝過明天擁有十一英鎊；但如果問他們是要明年此時拿到十英鎊，或是明年此時的次日拿到十一鎊？他們會很明智地選擇晚一天拿到十一鎊。當然，到了一年後，他們就又會改變心意了。

兩家公司都無法確定能提供你長期的理想新工作。如果你留在原來的公司，即使無法得到新工作，也還是有原來那個喜歡的工作，以後也可以再試別的。但要是辭職，去接受那個產假的代班工作，萬一狀況不順利，你就會失業。在我看來，去接那個產假代班的工作並不聰明，但對你而言，卻是眼前立即可得的機會。

要做更理性的選擇，不妨試著做個**思考實驗**。想像一下：兩個工作都要一年後才能得到，但你必須現在預先決定，那麼你會選哪一個？思考實驗可能會比你的雙曲線貼現更明智，免得你一急之下，賭掉了自己的前途。

雙曲線貼現：用來解釋迷戀眼前勝於未來的心理偏差。人們在面對跨期選擇時，會受時間偏好左右（比如錢總是越快賺到越好），而貼現率是對等待的不耐心程度的度量（貼現率大，耐心越小）。貼現率會受到兩個因素影響：一是情感系統，只考慮短期利益；二是理性系統，對長短期利益一視同仁。

工作loading加重了，怎辦

——有把握找到新工作，就敢拒絕硬派給自己的爛差事。

親愛的臥底經濟學家：前陣子我們公司裁掉了一些人，然後要求我的一個同事除了平時的工作之外，偶爾要做些接待工作。我的同事堅決不肯，因為她認為自己很辛苦才建立起專業的能力，可以從事更有附加價值的活動，不能走回頭路。她擔心自己去做那些額外的接待工作，會傷害她在公司的「品牌資產」（brand equity）。要是公司堅持的話，她寧可辭職或被開除。

我建議她，花錢請別的同事去做接待工作。我的理由是：願意為了賺外快而去當接待的同事大有人在，每個月多花一百元就能擺脫這個任務，總好過因為拒絕而丟了工作。我給朋友的建議是不是很爛呢？——來自紐澤西的琪琪·布里恩薩

親愛的琪琪：

你的想法沒錯，如果有更多公司的員工願意掏錢賄賂彼此幫忙做事，辦公室生活就很可能有效率得多。事實上，就算完全沒有加班費，有些人可能還是很樂意在公司待晚一些，希望能因此得到一些賺外快的零星機會。

但儘管你的想法很好，你朋友的策略其實更讚。所有雇主都知道「品牌資產」這類辭彙口說無憑，因此他們應該從一些高成本的訊號中尋找才華的象徵。比方說，一個無用但很難拿到的學位——例如企管碩士學位。你朋友的氣急敗壞，就傳遞了一個品質絕佳的訊號——因為風險極高，所以很有可信度。實際上，她是在表示她很有把握能找到新工作，因此敢拒絕硬派給她的瑣碎任務。她可能會堅持到底，感覺上，她是忍無可忍了。

震怒的，臥底經濟學家

學拉丁文還是中文？

——只要用拉丁文問你自己，*cui bono*？或者改用中文問同樣的話：對誰有好處？

親愛的臥底經濟學家：我對學校有一點很不滿。義大利的學校都規定要學拉丁文，甚至比學英文還重要。理由是：這是我們祖先的語言，而且可以增進我們的邏輯推演能力。我發現學拉丁文根本沒用，如果學中文，也同樣可以增進我們的邏輯推演能力，還對我們未來的發展有幫助。你覺得呢？——來自羅馬、十五歲的安德雷亞．羅凱托

親愛的安德雷亞：

這的確令人迷惑。懂拉丁文，看來沒有任何實用價值。即使是在最禮貌的社會中，講拉丁文也不見得是什麼博學的表現，還比較像是證明自己曾虛度青春，就像熟記了太多經典喜劇秀「蒙提．派桑六人組」（Monty Python）的劇情一樣。

你說得沒錯，中文同樣可以鍛鍊心智，額外的優點是可以跟教宗以外的人交談。用「賽局理論」的專門術語來說，學習拉丁文就是一種「弱支配」（weakly dominated）的策略：學拉丁文，絕對不會比學中文優越，有時還較為不如。

不幸的是，在這件事情上頭，你要面對的是政治。公共選擇理論（public choice theory）*指出，若是某一政策的實施可讓一個小團體大加獲利，而另一個大團體的每個人則只會損失一點點，那麼兩者對抗時，這個小團體往往就會勝過那個大團體。因為這個小團體明白其中的利害得失，而且也比較有組織。這就是為什麼我們有貿易關稅——關稅幫助了一小部分人，卻讓不太清楚其中道理的大部分人承擔成本。

以你的情況，數百萬受苦的學生是占大多數的普遍受害者，而贏家則可能是一個地位穩固的拉丁文教師遊說團。所以，只要用拉丁文問你自己，*cui bono*？或者改用中文問同樣的話：對誰有好處？

Bene vale（拉丁文：再見），臥底經濟學家

公共選擇理論：將經濟學的分析方法應用在解釋群眾政治現象的一個理論，認為政治就像交易市場：政客是賣方，選民是買方，而選票就是流通貨幣。選民會投票給對個人有利的候選人，而政治人物為了贏得選票必須提供討好選民的政策。在政治市場上個人選擇不能發揮作用，必須透過集體選擇來發揮力量，這就是公共選擇。

找我開會？請先付錢

——他們想得到你的時間，就得掏出錢來。

親愛的臥底經濟學家：我的工作行程表排滿了會議，幾乎每天從早上九點到下午六點都不斷在開會。這些會議我都得參加，而且還常常預約了兩倍、甚至三倍的會議。除此之外，我還有真正的工作要做。我盡量把事務交派給下屬，但大部分的日子裡，我發現自己還是很難在晚上八點前離開公司。這個狀況已經持續夠久了！我該怎麼做，才能整頓好我的工作行程表？——PM，電子郵件

親愛的PM：

你的行程表，顯露出一個共產主義者的傾向。你顯然喜歡蘇聯的樣板英雄工人斯塔漢諾夫（Stakhanov）*那種超額工作量的姿態，顯示出老派共產主義者老是沒搞清楚「投入

不等於產出」的特色。這一點，在毛澤東的「大躍進」運動中達到最高點，當時大家把廚具融化掉，以便製造……唔，更多廚具。

另外，你也犯了典型的中央計畫經濟那種錯誤——你帶領一個團隊，卻不給其他人真正的決策權。你說你盡量把工作交派下去，但顯然，其實沒有。而且你每天預約要出席的會議，多到時間不夠用，我很樂意打賭，你的部下比你更了解什麼事情該做。

你的對策很簡單：只要把價格機能，引進你心中那個小小的共產黨中央政治局裡就好。就像律師或心理醫生那樣，按時間收費。更好的方法，就是把你日程表上的每一格時段拿來拍賣，給出價最高的買家。買家可以包括顧客、上司，或下屬。要是他們想得到你的時間，就得掏出錢來。

如果你拍賣所得的總額超過你的薪水，恭喜你！這證明你很重要，同時也刪掉了所有浪費時間、低價值的活動。總之，我擔心你可能最後會發現，大家其實沒那麼需要你獨一無二的才幹。準備好降價求售吧。

編按：斯塔漢諾夫是蘇聯的一名礦工，因為採礦成果優秀，成為全國英雄。他在蘇聯大力提倡勞工精神的 1935 年，在六個小時內就挖了 102 噸的煤，達到分配量的 14 倍。

兒子的Facebook朋友比我多

——別擔心。你兒子只有U2的最新單曲，但你有波諾的電話號碼。

親愛的臥底經濟學家：我從政多年，剛剛卸任。以前我一直相信，多年來擔任公職的收入雖然微薄，但卸任後將可得到補償：我會去大公司當顧問，領豐厚的顧問費。我對經商一無所知，但多年來的人脈卻很寶貴。

但剛剛有個人讓我看了一種叫Facebook的東西，據說很多剛畢業的大學生都在用。我還聽說，我的「人脈」的經濟價值已經大不如前。這是怎麼回事？——TB

親愛的TB：

網路股泡沫化期間，你都忙著在思考國際大事嗎？

在你的想法中，似乎把人脈網絡簡化成一種「越大越好」的東西了。一台傳真機什麼都不能做，兩台傳真機就可以互相聯繫。而因為每台新機器都可以連接到整個網路，所以每台新機器都可以增加更多價值。手機、eBay、Facebook也是同樣的道理：規模發展到兩倍大時，其價值就遠超過兩倍。所以創投資本家會為了大規模的網路花大錢，不管這類網路的聯繫程度有多麼淺。

但這個簡單的算術思考方式，卻忽略了一個抵銷效果：邊際收益遞減。第一部手機，是用來執行數百萬美元的交易。但今天多一支手機，只表示多一個學生在上課時偷傳簡訊。許多登入Facebook的人很快就發現，這個工具對他們沒什麼用處。

所以，不要因為你的人脈規模不如你兒子在Facebook的朋友數量，就因而感到失望。他可能分享了U2合唱團的最新單曲，但你卻有U2主唱波諾（Bono）的電話號碼。要利用這類人脈賺錢，應該一點也不難。別把你退休後的休閒時間浪費在Facebook上。

參選要花多少錢——依我看，你的競選很像是在做慈善工作。

親愛的臥底經濟學家：我是主修經濟的學生，打算競選今年的學生會主席。選舉成敗主要是看誰在校園裡的宣傳最多。看來我是不會當選的，所以我很樂意花大筆錢給幫我競選的人。這些錢要如何發揮最大效率？雇一個人來拚盡全力，還是多找一些人來幫忙？——來自英格蘭的J

親愛的J：

假如你有辦法拐到一些人把你的想法當真，就可以找到自願幫忙的義工——那麼，你說不定真的會當選。但我感覺上，你顯然會輸。如果你的同學都像你一樣，不看好你會當選，他們就會覺得你提的條件沒什麼吸引力。

他們會拒絕幫你，你就無法當選。無論同學是否看好你，你的狀況——就像很多政客一樣——都取決於自我應驗預言（self-fulfilling prophecy），也就是：你怎麼預期自己，結果就會怎麼應驗。

身為一個沒希望當選的局外人，你必須設法利用這個處境。我建議你，拿筆錢出來，賭自己會當選——你可以發現機率很小，但因此賠率就很高，也讓你提出的條件更有吸引力，整件事就完全不同了。

至於這筆錢如何派彩，我建議你辦個抽獎，抽中的那名義工全拿。因為你的競選資源稀少，亟需誘因，這筆現金就顯得更有吸引力。

無論如何，經濟學家李斯特已經證明，抽獎是一個很棒的慈善募款方式。在我看來，你的競選就很像是在做慈善工作。

績效的迷思

——如果你有很多不合作的同事，等著在背後捅你一刀，那麼恭喜：貴公司的確是按績效計酬。

親愛的臥底經濟學家：我的上司發誓說，我們公司的薪水是按照每個人的績效而決定。這是經濟現實狀況嗎？——來自德州的鮑伯

親愛的鮑伯：

按照每個人的績效付薪水、讓辛苦的員工得到好報酬，這當然是可能的。經濟學界熟知的一個例子是，有一家換擋風玻璃的公司把薪資算法從時薪制改為計件制，同時對安裝不良而需事後補救的施以懲罰。於是，動作慢的工人紛紛辭職，手腳快的工人做得更快，而且安裝的瑕疵也減少了。

這類故事助長了大家對績效計酬的好感，但其實大部分工作是很難測定績效的。即使

管理者知道誰做得比較好，管理上的印象也無法在合約裡載明。更糟糕的是，工作上的成績，未必能反映員工的表現，反而會害員工承擔財務上的風險。例如在多雨的夏季，怪罪霜淇淋部門沒達成營業目標，這種方法就很難激勵員工。

所以績效計酬常常是以相對的方式獎勵，例如業績前三名的銷售代表就能獲得升遷，而不是每筆業績都發獎金。這類方案通常稱之為職場錦標賽（workplace tournaments），因為有人贏、有人輸。

職場錦標賽似乎運行得很好——或許有點太好了。在一份製造公司的研究中，這種競賽刺激員工減少請病假，但也會刺激員工拒絕把設備借給同事。畢竟，如果其他同事的表現差，你就有可能贏得比賽。

如果你的工作場所充滿不合作的同事，等著在背後捅你一刀，那麼恭喜：貴公司的確是按績效計酬。

考試，一定要準備嗎？

——是的，每天多花一個小時讀書，足以讓普通程度的學生進步到前三分之一。

親愛的臥底經濟學家：我的經濟學導師說，如果我希望考試成績好，就該更用功一點。我認為他的建議純粹是基於理論上的假設，沒有實際證據可以證明這個說法。誰是對的？——來自劍橋的ＭＷ

親愛的ＭＷ：

你認為他的建議並無實證研究的根據，這點大概沒錯——不是因為沒有人研究過，而是因為這份研究很新。我得告訴你，現在已經有一個很有趣的自然實驗，可以證實他的推測了。

過去的研究者已經確實證明，考試結果與用功的時間大致有關。這並不意外。聰明的學生可能會更用功，因為他們喜歡那些科目。或者，功課不好的學生只會死背，以搶救自己的分數。但要解析其中的統計資料，似乎是不可能的。

然而經濟學家塔德・史汀布瑞納（Todd Stinebrickner），和他的數學家父親拉夫・史汀布瑞納（Ralph Stinebrickner）解開了這個難題。他們把擁有電子遊戲機的室友，隨機分配給一批學生，透過一份調查表詳盡記錄種種活動的使用時間。剛開始，這些學生或他們的室友在成績、飲酒時間、睡覺時間這類事物上頭，沒什麼差別。但室友有遊戲機的學生，就比較少把時間花在讀書上，而比較常玩「太空戰士12」（Final Fantasy XII）。因此，影響用功時間的重要因素沒有別的，而是純粹的機率——看分配到哪個室友。而且沒錯，成績的確會因此降低。

如果這個分析是正確的，那麼，每天多花一個小時讀書，就會對考試成績有重大影響——足以讓普通程度的學生進步到前三分之一。除非你知道什麼非常好的電子遊戲，否則，把時間花在用功讀書上，是一個很理性的投資。

要不要轉學

——別拿犯錯的風險，當成固守不動的藉口。

親愛的臥底經濟學家：我現在就讀英國中學A-Levels的第二年，正在猶豫換個學校是否值得。正住在多佛的我，轉學後可以住在比較好的地方——例如劍橋，也會得到比較多的教學指導。我可能會得到更好的住宿環境，有更多自由，還會認識興趣更廣的人。但我的成績可能會因此降低，或害我無法進入大學，冒這個風險值得嗎？請幫我解開這個兩難困境。——來自多佛的GP

親愛的GP：

我們先把你認為的這兩難困境迅速複習一遍：你考慮要搬到一個在各方面都看起來更好的地方，包括學業上的資源。但你很猶豫，因為你覺得有風險。

我想建議你，該去找心理醫師請教，而不是經濟學家。

幸運的是，所謂的行為經濟學家，其實都兼有經濟學家和心理學家的最佳特質。而任何行為經濟學家都會很快診斷出，你是「原賦效應」（endowment effect）*的受害者。

原賦效應是一種非理性偏好，寧可保留既有事物，而不願交換，也就是所謂「已知的魔鬼比未知的好」這類的症狀。

有一個用來顯示這種效果的實驗是這樣的：一開始，發給參與實驗者一個小禮物。過一陣子後，再拿另一個新禮物，問參與者要不要交換。無論原來的禮物是什麼，也不論新的禮物是什麼，人們都會非理性地不願意交換。

你依戀多佛比較差的住宿和教學環境，這顯然是不理性的。立刻搬到劍橋吧！當然，你有可能錯了，但犯錯的風險，可不能當成固守不動的藉口。

果決的，臥底經濟學家

原賦效應：亦稱稟賦效應，簡單來說就是敝帚自珍效應，係指人們對於買進和賣出同一件物品時，其所訂的價格有明顯差異。也就是說，一旦擁有某項財貨或物品時，對該項物品的評價會比未曾擁有時高出許多（即超過了其貨幣價值），而在把所有物賣出時，所要求的出售價格會比他們願意掏錢買同一物品的價格高。

要不要買旅遊險

聽女友的話就對了。

親愛的臥底經濟學家：我打算和女友搭廉價航空公司的班機到法蘭克福。我們可以加買旅遊險，費用是四．九五英鎊，我覺得不值得；但女友堅持兩人都要買保險。萬一真的發生空難，生還機率很低，你就無法享受這筆保險理賠金。最可能是你的家人因為你的死亡而拿到錢。所以最糟糕的情況是，你死掉了，而且你的財產少了四．九五英鎊；或者最好的狀況是你活著，但財產還是少了四．九五英鎊。買保險的理性何在？——來自英國諾丁罕的法瑞德．戴姆

親愛的法瑞德：

我對你不情願付保險費感同身受，但不太懂你的推理。人壽保險本身，並沒有什麼不合理的地方（然而，對沒有家眷或性格自私的人而言，這種產品的確是沒有吸引力）。但

是在所有的保險中，人壽保險是少數幾種合理的產品之一，因為它能讓人免於承受巨大損失的風險。另一個同樣性質的保險，是重大醫療險，旅遊險通常將之包括在內。但你可能不必擔心這點，因為歐盟公民在各會員國都可以享受便宜的醫療照顧。

所以我想，你購買的是所謂的「背包險」（rucksack insurance）。小額保險的利潤很高——所以才會跟廉價機票搭售。但這是沒必要的。你這輩子還會賺到的錢，是你背包及其內裝物品價格的幾千倍。最好省下保險費，忍受偶爾的損失——長期而言，你會更有收穫的。我就是如此。

不過，也沒有關係。你已經看到了更大的格局：完全照女朋友的話去做。這是很聰明的一招。

為什麼老是有人愛擋住車門？

——他們不是趕著上車，只是想搶位子。

親愛的臥底經濟學家：我覺得很不可思議，碰到列車或電梯門打開時，有些人明知道要等裡頭的人先出來，自己才能進去，卻還是硬堵在門外不肯讓。擋路只會造成拖延，但那些要進去的人顯然很急，所以這樣擋路絕對不符合他們的最佳利益。但令人驚訝的是，這是個舉世共通的現象。請解釋！——納吉爾．卡濟

親愛的納吉爾：

我也觀察到列車有這個現象，但電梯就少得多，我想因此可以推演出一個解釋。

沒錯，擋住要下車的人，可能會造成幾秒鐘拖延。每個人都被拖延幾秒鐘，加起來的社會成本相當可觀，但對於那些自私擋路的個人而言，其實沒什麼影響。

我認為，你曲解了這些人擋住車門的目的了——他們不是想趕著上車，而是想搶座位。這表示，他們要在座位剛空出時，搶先第一個進入車廂，也因此就得站在打開的車門前，擋住所有人的路。

這是個典型的「囚犯困境」（prisoner's dilemma）*：如果大家都往後退，那麼人人都能獲利；但如果只有一個人往前擠，那麼他就是獲利者。

這就難怪，這種行為在電梯前比較少見。電梯裡沒有座位，而且通常空間夠大，可以容納所有等電梯的人。

你所描述的這個行為很自私，但絕非不理性。

有禮貌的，臥底經濟學家

囚犯困境：一種賽局理論。假設有兩個犯人接受警方隔離偵訊，面臨以下選擇：1.一方招供，另一方不招，招供者得立即釋放，而另一方則加重罪刑，坐牢九週；2.雙方均誠實招供，各坐牢六週；3.都不招供，最後都無罪開釋。在這樣的賽局中，就算明知選擇合作（不招供）是最好的結果，但在資訊不明又缺乏信任的情況下，兩人要保持合作很困難。

什麼樣的工作最棒？

——擅長一個工作，意味著你會賺更多；享受一份工作，意味著你不在意賺更少。

親愛的臥底經濟學家：比較利益法則（law of comparative advantage）建議我們，應該好好利用自己的才華，但同時我們又常聽到「從事你喜愛的工作」這句話。如果我對自己喜愛的工作沒有任何才華呢？花時間和努力去追求自己不擅長的夢想事業，這樣值得嗎？——喬伊

親愛的喬伊：

你的問題很棒，但同時也有點模糊——你沒透露你的夢想事業是什麼。不過，缺乏事實，從來就不構成經濟學家從事經濟分析的障礙，所以，我們就不必在方法論上頭挑毛病了。

比較利益法則指出，你應該專注於自己最擅長的事情，這是指比起其他所有人的程度。比方說，你可以去記帳，然後用賺來的錢去雇個廚師；也可以去做菜，用賺來的錢雇個會計師。正確的選擇是什麼，不光是要看你是否擅長做菜而不擅長記帳，也要看世界上是否充滿了更好的廚師和更糟的會計師。

這個原則，和你應該「從事你喜愛的工作」並沒有衝突。擅長一個工作，意味著你會賺更多；享受一份工作，意味著你不在意賺更少。決定如何，要看你比較喜歡金錢，還是工作得開心。

但如果你沒能力做任何你喜歡的工作呢？這個嘛，事業不是你的一切，也不會終結一切。經濟學家奧斯瓦德相信，一般人工作得太努力，而在友誼上投資太少了。所以如果我的建議讓你不滿意，請不要理我，去找你的朋友談談吧。

American Idol與X Factor的共同點

第一個出場還不錯，但最後一個更好。

親愛的臥底經濟學家：我受邀要在一個會議上做報告。很自然地，我希望盡量有好表現。主辦單位在報告的長度、主題、時段等等給了我一些彈性。你能給些建議嗎？我該選擇第一個報告，還是最後一個？——來自倫敦的傑若米．L

親愛的傑若米：

任何人都可以告訴你最明顯的要點：千萬別用那些無聊的文字條列式投影片，而且報告一定要簡潔。這個建議很明顯，但大部分的人都不管，害慘了他們的聽眾。

所以，我就把我的建議放在另一個比較不明顯的現象上頭，這是經濟學家萊諾．佩吉（Lionel Page）和他的心理學家太太凱蒂．佩吉（Katie Page）所發現的。佩吉夫婦研究

《美國偶像》（*American Idol*）和英國的《X元素》（*X Factor*）這類選秀電視節目數年的比賽結果，節目中競賽者會輪番表演，然後觀眾投票選出他們最喜歡的。

佩吉夫婦衡量的是：什麼出場時機比較有利？是第一個，或最後一個出場？或是前一個人失常，或特別精采後緊接著出場？因為大部分歌手會出現好幾次，佩吉夫婦也會考慮到節目製作人的想法，他們可能會故意把比較強的選手，安排在開場或最後表演。同時他們也觀察同一個選手出現得較早或較晚時，實際上的效果如何。

結果發現：第一個出場還不錯，但最後一個更好。其中一種解釋是：最後一個表演，比較會讓觀眾記得。所以，務必確定自己是最後一個壓軸。

掌聲不斷的，臥底經濟學家

菜鳥該學什麼？——老鳥未必拿得出績效，但能教你如何適應這家公司。

親愛的臥底經濟學家：公司訂出一個新的師徒制計畫，我進公司沒多久，因此是學徒人選之一。我無法判定這是一個重要的學習機會，或只是在浪費大家的時間。你有什麼建議嗎？——班．哈米森

親愛的班：

哥倫比亞大學經濟學家羅柯夫（Jonah Rockoff）有一份新的研究，你可能會感興趣。羅柯夫研究了一個頗受好評的紐約市教師互助師徒制計畫。他針對一些干擾因素做了調整——比方說，素質較差的老師可能會得到較多的指導協助，弄得好像當師父的資深老師降低了教學標準——之後，發現了一些證據，顯示該計畫會降低老師的流動率，並改善

其學生的成就。

如果把這個研究結果的應用範圍擴大，那麼，你最可能從一個資深同事身上學到的，就是如何適應這家特定的公司，而不是走到哪裡都能用得上的技能。

既然效果有限，為什麼師徒制還是這麼受到歡迎呢？因為羅柯夫發現，老師們普遍相信，資深同事可以協助自己精進教學技巧，即使從學生身上看不太出效果。

因此整體而言，我會建議你還是乖乖參加這個師徒方案。這會讓你看起來很合作，而且可能還會學到一些東西——就算沒用，你還是可以說服自己，這些時間沒有白花。

你的師父，臥底經濟學家

阿西西與盧森堡

人類對陽光的評價，並沒有一般以為的那麼高。

親愛的臥底經濟學家：我有一個新的工作機會，有機會從陽光普照的義大利阿西西（Assisi），也就是聖方濟的故鄉，搬到盧森堡——歐洲最多雨、陰天最多的地方之一。當然，跳槽也表示薪水會比較多，但我應該賦予氣候多高的價值呢？——席莫內

親愛的席莫內：

由於缺乏快樂溫度計，所以我無法判斷你有多麼喜歡晴天。但我可以告訴你，其他跟你處境相同的人是怎麼做的。

表面上看來，很多人似乎都尋求晴朗的氣候，尤其現在有冷氣了。比方說美國南方與西南方所謂的「陽光帶」（Sunbelt），長期以來都呈現人口成長的狀態，就往往被歸因於

大家對太陽的渴求。

哈佛大學的經濟學家葛雷瑟（Edward Glaeser）和托比歐（Kristina Tobio）則有不同的看法。他們主張，在一九八〇年之前美國南方的人口大增，是因為該地區的生產力成長。而在一九八〇年之後，人口雖然持續成長，但房價上漲幅度卻比美國其他地方低，顯示影響房價的主要力量並非高需求，而是寬鬆的建築法規。加州的氣候也很宜人，但建築限制比較嚴格，人口就沒有那麼大幅的成長。

這一切都暗示，人們對陽光的評價並沒有一般以為的那麼高。換句話說，別指望搬到盧森堡，會有太多的金錢補償：你那些比較不計較天氣的對手，會願意用更低的價錢接受同樣的工作。

倫敦與紐約

如果你能在一個地方成功，以後到哪裡都能成功。

親愛的臥底經濟學家：我即將拿到學位，倫敦和紐約兩地的顧問公司都提供了我工作機會。我必須說，住在這兩個全球性的城市都很合我的意——問題是，應該選哪個？

——來自劍橋的RA

親愛的RA：

恭喜你問對了問題。

太多人搬家，是因為找到一份很好的新工作——或是新戀情——卻沒考慮到地理因素的重要性。喜愛城市的經濟學家佛羅里達（Richard Florida）主張，要住在什麼樣的城市，是你最重要的抉擇，因為它會決定你的工作選項、你的日常生活品質、你的感情生活，還有很多其他的事物。

眼前看來，你已經做出了這個抉擇。像是西雅圖、柏林、坦尚尼亞的三蘭港（Dar es Salaam）、香港、莫斯科這些城市，都各有特色，但紐約和倫敦，似乎沒太大差異。事實上，倫敦和紐約的相似度，遠勝過任何英國的城市。

如果一定要把自己的選擇範圍縮得更小，至少你占了個便宜，那就是這些全球性城市變得越來越具優勢。或許你該考慮紐約，因為你在英國已經有朋友網絡了；紐約會讓你的人生經驗更多樣化，拓展更廣的人脈。而且，顯然就像那首〈紐約，紐約〉的歌詞：如果你能在那裡成功，以後到哪裡都能成功。

溫文有禮的，臥底經濟學家

kid theorem），都能教你如何對付家裡那些「效用極大化」的小鬼，也能提早告訴你，等他們長大、而你老去時，要如何讓他們更常來探望你。

很多重大的家庭決策，是圍繞著我們的配偶打轉的。在這一單元中，我們將談談成熟伴侶之間的酸甜苦辣：誰該照顧小孩？離婚後房子歸誰？還有最重要的：馬桶坐墊該掀起還是放下？經濟學有豐富的文獻探討兩人世界，教你如何談判、如何分攤成本與分享利益……

家庭經濟學

誰該陪寶寶睡覺？

有句俗話說：你可以選擇你的朋友，但無法選擇你的親人。

就像很多俗話一樣，這其實不盡為真。準備要當父母的，扮演著幾乎像是神的角色：決定要創造出多少人類，以及什麼時候創造。而這個重要的決定，就如同我們將會談到的：等於是把子女當作是一種消費性耐久財（consumer durables）。

慘的是，一旦你真的生了小孩，這種類比就再也幫不了你了。「親愛的經濟學家」專欄，就常被一堆詢問「如何讓那小混蛋乖一點」這類問題的來信所淹沒。幸運的是，經濟學有很多主張——從「賽局理論」，到一名諾貝爾獎得主所提出的「不肖子定理」（rotten

處罰孩子，好嗎？

有時為了有好結果，你得狠下心來。

親愛的臥底經濟學家：我有兩個健康漂亮的小孩，還有一個即將出世。老大亞歷山大最近變得很任性，我們不知道該怎麼管教他。我們會威脅說要處罰，但他還是照樣不乖，然後我們又狠不下心真的處罰他。你有什麼建議嗎？——來自愛丁堡的席維雅．葛拉姆

親愛的席維雅：

讓我們用邏輯來推演這個問題。

賽局理論是應用於這類互動的絕佳工具。首先，亞歷山大決定要不要頑皮；然後你們決定要不要懲罰他。他只有在不處罰的情況下，才會選擇頑皮；而你們選擇只是威脅著要處罰，卻不真的執行。

這個賽局裡有兩個均衡：一個是你所抱怨的現狀：他調皮，你們不處罰他；另一個是你們所希望的：他很乖，你們不必處罰他，因為如果他調皮，就會「真的」受到處罰。如果第二個均衡聽起來不太可能發生，那是因為的確不會發生。經濟學家稱此為「非子賽局完美均衡」（non-subgame-perfect equilibrium）*：意思是，亞歷山大要你們證明，真的會處罰他；而你們卻放棄處罰。

難怪你們會陷入了自己不想要的第一種均衡。經濟學家早就知道，在單次賽局的狀況下，你們永遠無法讓自己的威脅具有可信度。但千萬別擔心，你們會一次又一次玩這個賽局，除了跟亞歷山大，還有兩個更小的孩子。這一來，整個動態就會完全改變了。

很重要的一點，就是你們要建立起強硬的形象。務必記住一點，處罰亞歷山大時，你們雖然輸掉了這場戰役，卻能贏得整場戰爭：你們要權衡一下，懲戒小孩雖然難受，卻能預防他們未來行為不端。當你厲行紀律的形象建立之後，小孩的行為就會改善了。

或許這一切都像是常識，但你要知道，有兩位諾貝爾獎得主就是因為這個分析而獲獎。經濟學家一直很努力向你證明，有時為了有好結果，你就得狠下心來。

非子賽局完美均衡：賽局理論是一種策略性思考，透過推估對手的行動，設法找出自己的最適行為。子賽局是在擴展式賽局中所分出來的一支，而子賽局完美均衡（subgame perfect equilibrium）是指每一個子賽局都符合納許均衡（Nash equilibrium）的要求，即賽局中每個參與者的策略都達到最適反應；反之，就是「非子賽局完美均衡」。

只儲蓄，不消費

想像一下，你就是中央銀行總裁。

親愛的臥底經濟學家：我是社區裡臨時保母互助會的幹事，我有個煩惱。我們的會員實在太少出門了——每個人都想存一些臨時保母的兌換券。但如果每個人都不出門，沒人去幫鄰居照顧小孩，那麼大家就都無法得到兌換券了。我們是不是該制訂一些強迫大家出門的規定，比方每個月兩次？——來自英國羅斯托夫特（Lowestoft）的賈寧・布魯頓太太

親愛的布魯頓太太：

這個情況並不意外：你們在施行緊縮性的貨幣政策，又有嚴重的物價僵固性，因此造成嚴重的資本市場失靈。

你想得沒錯，當每個人都同時想要儲蓄，這個互助會就絕對無法順利運作。但是，逼

大家出門而雇用臨時保母，則會製造出經濟活動的假象，但無法保證你這個中央極權決定的解決方案，是大家真正想要的結果。

有一個簡單的補救措施，就是製造一點通貨膨脹。史威尼夫婦（Mr and Mrs R. J. Sweeney）認為這招很管用，他們在著名的論文〈貨幣理論和大國會山莊保母互助會危機〉中曾描述此一過程。如果發給每個人額外的保母兌換券，大家就都會覺得自己已經有了足夠的儲備，也就比較願意把兌換券拿出來花。但風險是：通貨膨脹可能會失控，造成太多人想要使用保母兌換券，而願意當臨時保母的人卻太少。

另一個方法，就是設立一個兌換券銀行，以一個協定利率，讓大家借貸兌換券。如果願意出門的人太少，就降低利率；如果當臨時保母的人太多，就提高利率。

你們可能要考慮設立某種委員會，以決定兌換券的利率。

同時，應該允許兌換券的價值浮動。冬天時，很少人願意出門，人人都樂意窩在溫暖的家裡看電視，順便幫鄰居照顧小孩，這時兌換券的價值就會上漲。到了夏天，兌換券的價值就會下降。這種價格的彈性會運作得很好，勝過大部分足智多謀的中央銀行。

開車心理學

越安全的車子，會導致駕駛者越漫不經心。

親愛的臥底經濟學家：我的兒子剛拿到駕照，但他開起車來像個瘋子。我看他早晚會出車禍，現在他看上了一輛老舊的二手車，一點也不安全。我在想要不要買輛比較結實的車送他，好增加他保命的機會。你認為我這麼做妥當嗎？——來自英國威姆斯洛（Wilmslow）的翠西亞．史托特

親愛的史托特女士：

這是個心理學的問題，你卻提出了一個工程學的解決方法。

你說令郎開車像個瘋子，但如果思考方式變一下，想成他是偏愛速度與樂趣勝過安全，可能會更有幫助。在這樣的偏好之下，他的開車方式是理性的。

所以，要是讓他開一輛比較安全的車，可能是沒有幫助的。但如果他車子裡的後行李廂內裝上炸藥，方向盤上裝了釘子，那可能就會促使他開車時要小心一點了。

另一方面，一輛有許多安全特點的汽車，會讓刺激式開車法的危險性降低，於是你兒子就會理性地選擇更刺激的開車方式。這個現象，我們稱為「佩茲曼效應」（Peltzman Effect），因經濟學家山姆．佩茲曼（Sam Peltzman）而命名，他發現，更安全的車子會導致駕駛者更漫不經心，因而造成更多車禍，駕駛者死亡的數字沒改善，反而造成行人的死傷數字增加。

儘管佩茲曼效應一直有爭議，但一些後來的研究都得到類似的結論。照佩茲曼的研究成果看來，如果令郎對於他車子的安全性很有信心，他的開車風格就會更誇張，因而又把安全性拉低了。

所以解答就很明白了：務必要讓你兒子相信他的車子很危險。讓他去買他看中的那輛二手車，但堅持把車送去檢修。請技工偷偷裝上安全氣囊和防鎖死煞車系統（ABS），同時請他們檢修時不斷搖頭，說這破車真是「殘破」。

孩子翅膀硬了

——把所有遺產留給打電話次數最多的那一個。

親愛的臥底經濟學家：我們夫妻已經度過五十多年快樂的婚姻生活，但有一點美中不足。我們的三個子女都已成年，我們過世後，他們就會繼承一筆頗為可觀的遺產，但我們覺得他們不配拿這筆錢。他們很少打電話問候，也從不來探望我們。你有什麼建議嗎？——來自英國桑德蘭（Sunderland）的李爾夫婦

親愛的李爾先生與太太：

很遺憾，聽到你們子女如此冷淡的行為。愛是不能強迫的，就連最能幹的經濟學家都辦不到。

但這不見得是問題。你們看來比較在乎子女的行為，而非他們是否真的愛你們。而儘

管你不能強迫他們付出愛，倒是可以強迫他們付出關注。

所以很明顯的解答，就是：威脅他們——任何人若是沒達到你們設定的額度（比方每星期兩通電話、每年探望兩次），就取消他們的繼承權。

接下來的問題是，你的子女可能會很有把握，你們這對鍾愛子女的父母不會樂見他們三個都無法繼承，而把所有的錢都留給動物收容所。只要他們彼此有連絡，就會看穿你們是在虛張聲勢。

幸運的是，經濟學家迪西特（Avinash Dixit）與奈爾巴夫（Barry Nalebuff）已經找出這個問題的解答了。訣竅在於破壞子女忽視你們的均衡狀態——請告訴他們，雖然你們想把遺產均分給達到配額的子女，但如果所有子女都沒達到，你們就會把所有遺產統統留給打電話次數最多的那一個。當你的子女明白：即使是多打一通電話，也可能讓他們從一毛未得變成繼承全部時，那麼除非他們每個人都付出你們渴望的關注，否則就不可能有穩定的均衡了。

信教有什麼好處

——信仰上帝，並沒有明確可知的經濟效應；但相信天堂和地獄的存在，是推動經濟成長的胡蘿蔔和棒子。

親愛的臥底經濟學家：我和老公都不信教，但我們認為讓子女從小就接受某種宗教教育可能是不錯的。你有什麼建議嗎？——來自英國約克（York）的瑞秋．哈里斯太太

親愛的哈里斯太太：

很多父母一定也在考慮這個問題，因為宗教信仰似乎跟錢有頗密切的關係。就拿上教堂來說吧：花時間上教堂，就表示不能去從事休閒活動或工作。這個成本看起來似乎很大，但底下可能隱藏著種種利益：你的子女可以在教堂結識日後事業上的重要人物，並進入一個非正式的社會安全網絡。

宗教也關乎信念。如果你教導子女遵循一套嚴格的道德觀，再教他們相信天堂和地獄

的存在，他們的行為可能就會更正直。這麼一來，他們日後會被人欺負，還是會得到更多信賴呢？

關於這個問題，顯然純理論能說的就到此為止了，但貝羅（Robert Barro）和麥克里瑞（Rachel McCleary）等經濟學家又投入了統計學的繁雜苦工。得出的結果是，信仰上帝並沒有明確可知的經濟效應，但相信天堂和地獄的存在，正是推動經濟成長的胡蘿蔔和棒子。至於上教堂，則得到不同的結果：不論你的子女在教堂將經營出什麼人脈，把同樣的時間拿去別的地方交朋友，還比較有利一點。

因此，你的問題就是：去找個是非觀念分明、但最不花時間的宗教。請放心，在英國這種宗教競爭激烈的國家，就一定會出現更有效率的宗教，可以讓上教堂時間有限的人有更堅定的信仰。你現在唯一要做的，就是到處參觀選購了。

虔誠的，臥底經濟學家

離婚夫妻如何分產——很簡單，寫下各自對半棟房子的出價。

親愛的臥底經濟學家：我和我太太要離婚了。我們正在設法分財產，尤其是房子。兩個人各有想法，但說出來只會讓事態惡化。這種事情有解答嗎？——來自英國肯特（Kent）的B．葛蘭姆先生

親愛的葛蘭姆先生：

我很同情你。因為好多共有物都有感情上的價值，要達成友好的協議很難。坦白說，你們兩位都隱瞞了自己真正的偏好，以便操縱這個談判過程，得到更多自己想要的東西。

經濟學家一度對於解決這類問題很悲觀，因為雙方都有撒謊的誘因，通常就無法有效率地交易那些有情感價值的東西。買家想要壓低其價值，而賣家則想要抬高，交易便陷入

膠著狀態。

但賽局理論學者吉朋斯（Robert Gibbons）、克蘭頓（Peter Cramton）、克倫培勒（Paul Klemperer）已經證明，如果雙方共同擁有一件物品，一定要由其中一人買下時，有一個簡單有效的方法。

按照克倫培勒教授的建議：你和你太太必須寫下各自對半棟房子的出價。如果你提出的價錢比較高，你就得到這棟房子，且必須付半棟房子的價錢給你太太。你要付的價格，就是兩人所寫下價格的平均數。

因此，你就不太可能撒謊，因為如果你的出價太低，就得便宜賣掉這棟房子。但如果你出價太高，就得花很多錢買下這棟房子。你們所共同擁有的每樣東西，都可以比照這個方式處理。

我只想提醒你一點。克倫培勒教授和他的第一任太太結婚後，一直過著幸福快樂的生活，所以我們可以假設，他的建議是純粹出自象牙塔。

有時候，禮物平庸點比較好

——當大家都送鮮花和巧克力，對方就無法判斷你到底夠不夠愛她。

親愛的臥底經濟學家：我的結婚週年紀念日快到了。該送什麼禮物給太太，好表示我有多愛她？——來自英國威茲特柏（Whitstable）的馬爾康．海菲德

親愛的海菲德先生：

這要看你有多麼愛她。如果你覺得她會很樂意知道你的熱情，那就最好發出很清楚的訊號。但如果愛的火焰其實已經不如以往那麼熾烈，那就最好隱藏在平庸的常態之下。平庸禮物的好例子，就是鮮花和巧克力——這類禮物一向很討好，又不會太貴。這樣一來，你太太就無法判斷你是不夠愛她，或只是想不出更好的禮物而已。

但是你的問題顯示，你想對全世界宣告你對她的濃烈愛意。那麼，有一個簡單的解答

是：去買一個超貴的禮物，表示你期待這種幸福的婚姻生活能長長久久。一個不那麼熱情的丈夫，不期待婚姻太長久或太幸福，就絕對不會選擇發出這樣的訊號。

你的選擇並非到此為止。訊號昂貴不難——例如在她面前燒掉一堆五十英鎊的鈔票——但不是所有昂貴的訊號都能傳達出同樣的含意。買性感內衣送你太太，所傳達的訊息就不同於送她沃達豐（Vodafone）的股票，即使價錢完全一樣。

因此，你最終要考慮的，應該就是送她一個別人想不到的禮物，是那種完全了解她的夢想和渴望的人才會送的。也許是特別訂製一幅油畫，主題是她最喜歡的地方；也許是九〇年代搖滾樂團「石玫瑰」（Stone Roses）的簽名紀念品，讓她回想起狂野的青春時代，這些都是只有你才會想到的。你的禮物會傳送出幾個訊息，第一是你記得結婚週年紀念日；第二是你對婚姻的忠誠之心；最後就是，你很了解你太太。

女兒揍兒子

——有三個可能：你女兒不理性；你兒子不太在乎挨揍；或者，你沒算好帳。

親愛的臥底經濟學家：我該怎麼做，才能讓我十歲的女兒別再打她弟弟？——來自英國約克郡里奇蒙（Richmond）的辛西雅．艾文斯

親愛的辛西雅：

你的問題令我感到困惑。諾貝爾獎得主貝克在他的「不肖子定理」（rotten kid theorem）*中證明過，這種揍人的狀況，應該只有在社會高效率的狀態才會發生。下面我以數字舉例，或許對你有所幫助。

假設你對自己和兩個小孩的在意程度相同，而你們每週的愛、關注、金錢等加起來，總共值七五〇英鎊的「家庭預算」，平均分配到你們三個人身上，每人二五〇英鎊。

接下來，把愉悅和痛苦折合成金錢。如果你女兒揍他弟弟，他會遭受值二十英鎊的痛，而她則「賺」到值五英鎊的虐待狂愉悅。這麼一來，會讓你們的家庭預算少掉十五英鎊。你的做法，就是把這十五英鎊平均讓三人分攤，因此，揍人後的每人收入分別是：弟弟會得到二六五英鎊，姊姊二四〇英鎊，而你則得到二四五英鎊。於是你女兒會變窮，因而可能就會約束自己的衝動。

當然，有可能你女兒從攻擊弟弟得到的愉快，超過弟弟的不舒服——例如她得到值二十五鎊的愉悅，而他只損失五鎊。不過這時你可以重新分配，好讓她必須付出的代價大些。這樣可以讓她的攻擊保持個人理性，同時又達到社會最適狀態。

如果你一再重新分配後，你女兒照樣攻擊弟弟，這就表示她真的很喜歡這件事。那麼，有三個可能性：你女兒不理性；你兒子不太在乎挨揍；或者你沒算好帳。

不肖子定理：有些子女天生就是只顧自己利益的自私者，而父母會為所有子女的利益著想，因此會將全家總利得「分享」給眾子女，也包括自私的不肖子。如此一來，當家庭所得越多，子女所分到的也會越多，因此縱使是不肖子，由於增加總所得對自己有利，也會努力提高家庭所得或總產出。

家有不肖子

——別急。你無法用一個政策工具，達成多個政策目標。

親愛的臥底經濟學家：我十六歲的兒子因為塗鴉和其他違法行為，進出了好幾次警察局。儘管他普通中學教育證書課程的成績很好，但現在他離開學校了，也沒有工作，而且看起來是打算毀掉自己的前途和家人的生活。我要怎麼樣才能讓他明白，他的花費絕不能比收入多，而且有賺錢的責任呢？——來自曼徹斯特的伊蓮．思本瑟

親愛的伊蓮：

你希望令郎不要犯法、回去學校念書、找個工作，然後量入為出？你假設這麼一來，就可以不必成天為他煩心了。

歷史上有太多政府不明白，根本無法用一個政策工具，同時達成兩個政策目標。比方

說，我們可能期望英國央行總裁金恩（Mervyn King）阻止通貨緊縮、抑制房地產炒作，或者短期內推動經濟成長，達到充分就業。但因為他只能控制利率這項政策工具，所以我們不會那麼笨到要求他同時達到這三項目標。

你的三個目標，需要三種不同的政策工具。要防止他繼續犯法，就需要有人嚴加管教──或許委託給一個獨立的機關（例如你們當地的警察）是有必要的。接下來，如果有可靠的金錢獎勵，你兒子可能會願意回到學校，把中學念完。

但要說服他經濟獨立，可能會比較麻煩。原則上，也不算難：別再給他錢，讓他自食其力。信用卡公司不會讓他撐太久，他很快就會明白「預算限制」的意義。但你得讓他相信：你不在乎他餓死。只不過，從你寫信給我討教的這個事實，似乎證明你其實在乎。

生兒子，還是生女兒？──女兒。

親愛的臥底經濟學家：我和未婚夫正在試著懷孕。我們應該祈禱生男孩還是女孩？
──來自英國班戈（Bangor）的菲麗霞．楊恩

親愛的菲麗霞：

由於你已經訂婚，所以我推測你渴望與新生兒一起享受婚姻生活。若是如此，你會很有興趣知道：如果你懷了男孩，就比較可能結成婚。

這個說法是經濟學家達爾（Gordon Dahl）和莫瑞提（Enrico Moretti）提出的。他們根據一份三百萬人抽樣所做的研究中，得到了一些吸引人的結論，上述的說法只是其中之一而已。其他結論還包括：沒有兒子的夫婦比較可能離婚，而且也比較可能再生小孩──或

許是試著想生個兒子；沒生兒子的離婚媽媽，比較不可能再婚，就算再婚，也比較可能又離婚。

直覺的結論是，大部分父親對女兒比較沒感情。我很驕傲有個年幼的女兒，所以很樂於告訴你，達爾的同事藍思博（Steven Landsburg）提出了另一個解釋。

演化生物學家告訴我們，相對於女生來說，財富與地位對男生的成功（尤其是生育成功）更重要。大部分女人只能有幾個小孩，但男人卻有辦法製造幾十個，也可以一個都沒有，要看他們的運氣和地位。這暗示了，男孩的父母會比較努力，以避免大傷財富的離婚，但女孩的父母就比較無所謂了。

我的結論是，如果你婚姻美滿，那麼生男生女都是福氣。如果你生了兒子，但婚姻不順利，你就會被迫要硬撐下去。所以，祈禱自己生個女兒吧。

舊愛的身影

——效法亞歷山大，抽出刀來，砍斷那個無人能解開的「哥第烏姆結」吧。

親愛的臥底經濟學家：兩年前我在頗為友善的條件下離婚，現在獨自（和一隻貓）住在以前的房子裡。問題是我前妻的痕跡在屋裡依然處處可見——裝潢、家具等等。只要我想做任何改變，就會情緒波動得無法自已，可是我就是沒有她那種布置家裡的才華。我該怎麼樣才能往前走？——來自英格蘭西郡地區（West Country）的B先生

親愛的B先生：

你應該不難雇個室內設計師，或找朋友提供可靠的建議。但你的問題其實出在別的地方。本質上，你是困在一個「時序不一致性」（time inconsistency）*的狀況裡了：你信中表示，你樂意擺脫前妻挑選的家具，但又承認你鼓不起勇氣去做。

很多政府也陷入類似的困境。他們承諾要降低稅率以鼓勵企業投資，但沒人相信他們會堅守承諾，於是他們就落得兩面不討好：低稅率和低投資。如果他們能遵守承諾，每個人都會更好。《金融時報》聰明的主筆群最近把這類承諾拿來比作希臘神話中的奧迪賽——他把自己綁在船桅上，好讓自己安全地聆聽賽倫海妖的歌聲。

你也可以逼自己出門去度假，交代一個信得過的朋友，趁你出門期間把屋裡的東西賣掉。但對於協助你分裂人格的其中一邊，我也心懷疑慮。有時你想抹掉過去，從頭再來；有時你想保留自己的記憶。身為一個經濟學家，哪有資格去選擇其中一種情感、而非另一種？

或許你需要的，只是忘掉你對室內設計的執迷。啟發你的靈感，應該來自亞歷山大大帝，而非奧迪賽。效法當年亞歷山大抽出刀來，砍斷那個無人能解開的「哥第烏姆結」（Gordian Knot）：跳出困境，給自己找個女朋友吧！

時序不一致性：指經濟政策決策者的愛好會隨時間改變，因而影響政府的權威性。例如政府宣導在前的政策，讓民眾隨之形成預期心理，後來因種種干擾的產生，讓理應執行的原政策經過權衡後而調整，因此真正執行的政策已偏離原貌，這種「事前說一套，事後做一套的」困境，就是時序不一致性。

怎樣查外遇——上 eBay，找個人打賭。

親愛的臥底經濟學家：我懷疑先生有外遇了，怎樣才能查出來呢？——F太太

親愛的F太太：

我建議你利用「資訊市場」。通常在資訊市場裡，你可以從某件特定事情的發生得到好處，例如押注某個政治人物是否當選。資訊市場過去的紀錄很出色，例如選前預測勝負的預測，就比民意調查要準確。這種市場之所以運作良好，是因為他們允許不同的人匿名表達自己的觀點，而每個人可能都知道某一小片斷重要的資訊。有信心的預測者就可以藉著下注更多，讓自己的意見更有分量。

像惠普（Hewlett Packard）這樣的公司，就有內部資訊市場，進行銷售業務和生產預

測。這種資訊市場之所以比傳統管理方法好，是因為用傳統方法，一般人可能會不敢說實話；而一個開放的資訊市場，卻能揭露那些被隱藏起來的資訊。你就是陷入了類似的困境中——無論朋友怎麼說，你可能都會懷疑他們到底有沒有說實話。

不過，他們的皮夾，可能會比較坦誠。

具體做法是這樣的：你可以去跟別人打賭，看看有沒有人能在二〇一〇年底前，證明你丈夫有外遇。你可以每個月都到 eBay 上拍賣兩張支票：一張是，如果你丈夫外遇被逮到，你就付一百英鎊；另一張則相反：只要他沒被逮到，你就會付一百英鎊。然後你可以把這件事告訴全世界。

假如最後你發現，大家只願意出價五英鎊，來競標第一張支票，意味著市場相信你的先生很清白。如果第二張支票的最高出價只有五英鎊，那麼你就可以判定，顯然有人——搞不好是每一個人——都相信你老公在外頭偷腥。

當然，你老公可能會偷偷下標，好操縱市場。但別擔心，這類操縱在一個流動性市場裡其實是做不到的，要是哪個混帳敢試，他一定會付出慘痛的代價。

生幾個孩子好？

——光想數量而不想品質，是錯誤的。

親愛的臥底經濟學家：我們已經有一個兒子了，正在考慮要再生一個或兩個小孩。你認為要生幾個呢？——來自約克的艾瑪．崔維斯

親愛的艾瑪：

如果你希望在孩子身上的投資達到最適狀態，光想數量而不想品質是錯誤的。犯下這個錯誤的最知名經濟學家，就是馬爾薩斯（Thomas Robert Malthus）：他預測，只要家戶收入增加，家中人口也會增加，耗盡新的資源。

馬爾薩斯沒事先預料到避孕法的發明，人們因此更可能像你一樣，可以精準控制自己想要幾個小孩。而他所犯下同樣重要的錯誤——但可能比較微妙——則是：他沒算到當父

母收入增加後、想要增加在兒女上的「投資」時，不只是可以選擇多生幾個，還可以選擇將更多的時間和金錢，花在同一個小孩身上。

照諾貝爾獎得主貝克的分析，你也可以選擇提高子女的品質，比方說，投資在他們的教育上。貝克認為，子女就像其他的耐久消費品（例如汽車）一樣，是可以拿來分析的。而沒有人會犯下像馬爾薩斯一樣的錯誤，以為一個人變成百萬富翁之後，會買幾十輛便宜的汽車。我們都明白，收入增加後比較典型的反應，就是把便宜車換成賓士。

由於不清楚你的更多狀況，實在很難給你更具體的建議，但可以這麼說：你比較想要兩個高品質的小孩，還是三個低品質的小孩？這樣，或許你的想法就會更清晰了。

有些人會反對，認為子女不能代換成其他耐久消費品，或用同樣的方式分析。或許吧。但請留意一下這些人當中，有多少人的孩子很少、但車子很好，這點倒是很有意思。

我是敗家子

──你想贏？我看很難。

親愛的臥底經濟學家：很多父母常會發現，有的孩子會比其他兄弟姊妹有錢。理智但偏心的父母有時會想要平衡一下，利用比較有錢的子女去幫助比較不成功的孩子。所以，我是不是該當個懶惰而人生失敗的孩子，好把父母潛在的助力發揮到極限呢？

──來自倫敦的亞歷山大．羅斯

親愛的羅斯先生：

「理智但偏心」所指的，就是貝羅的總體經濟學模型，及貝克的家庭經濟理論中的父母。

這類父母，總是要確保所有小孩都享受到同等的效用，因而會給比較窮的小孩更多錢。或許，你正是希望自己的父母是貝羅與貝克所描述的利他主義者，那麼，只要你賺得比較少，就一定可以獲得更多施捨。

表面上看來，偷懶好像很不錯。但是請再認真想一想。

如果你父母真是如貝羅與貝克所描述的利他主義者，他們就會確保自己的遺產帶給所有子女的「效用」都是相等的——也就是說，父母會讓自己和所有子女所製造的總財富，讓每個人均分。如果你偷懶，就只會讓這塊大餅變小而已。

這麼一來，你就只能期望你父母很天真，又很偏心你這個敗家子，沒有好好算清楚。問題是，這個機率又有多大呢？

大部分父母都會把遺產均分給子女，若是不平均分配，通常都是為了要給比較老實的子女多一些。經濟學家賴特（Audrey Light）和麥蓋瑞（Kathleen McGarry）的一份研究，曾訪問過三千多名有兩個以上成年子女的母親。其中，只有一％說她們因為其中一個小孩比其他人更需要錢，而不打算平均分配遺產。

如果你想偷懶，那就請便吧，只是你賭贏的機率真的很小。

相親經濟學——也許，應該有人先拿出一筆保證金……

親愛的臥底經濟學家：由於文化背景的關係，我的婚姻大概會由父母安排，由他們替我選個老婆。這就表示，我沒有機會先跟對方同居，看看彼此是否適合。我必須接受一個基於理性而非情感的決定。我對理想妻子的期望很多，但幾乎沒有人全部符合。你有什麼建議嗎？——賈許・戈波爾，電子郵件

親愛的賈許：

選舉國會議員時，我們是「委託人」，而議員則是理當代表我們的「代理人」。選舉董事會時也是類似的狀況，這些董事是代理人，得負責追求股東們的最大利益。而這些董事會雇用經理人來替他們做事，所以經理人也是代理人。

仔細想一想：這些委託人，可曾對代理人的成績滿意？這樣你就可以了解經濟學家為什麼把某些事情稱之為「代理問題」（principal- agent problem）了。

在你的婚事中，你的父母，就是扮演代理人的角色。你要怎麼鼓勵他們重視你的想法呢？

最好的方法，大概就是按照結果付他們錢。或許你父母應該交出一筆十萬英鎊的保證金，只要你的婚姻沒問題，你父母每年就可以領回五千英鎊外加利息。但要是你和妻子以離婚收場，剩下的錢就歸你。

當然，你父母心裡可能會想，這麼做對他們有什麼好處？這時，他們可能會說，其實應該交出這筆保證金的人是你，以後只有在你老婆真的很爛時，你才能把錢領回去。話說回來，你父母還是會擔心，你會為了拿回那筆錢而故意離婚。這種事，本來就很麻煩。

送禮

一件注定「潛在無效率」的事。

親愛的臥底經濟學家：我的結婚禮物認購清單*該列出多少項，才能讓效用達到最大？——克蕾兒．宋，電子郵件

親愛的克蕾兒：

結婚禮物認購清單，反映了我們待人處事中少見的一絲誠實：承認你不希望客人去挑選他們自認為恰當的禮物。如果我們可以把這種誠實也套用到聖誕節和生日上，這個世界一定會更美好。

但話說回來，禮物清單仍然伴隨著一種潛在的無效率，顯然，你也已經發現了。如果清單上列太多，風險就是客人會去買你比較不想要的——比方說，你會得到花俏的捲筒衛

生紙架，但高級的長柄鍋組卻沒人願意買來送你。（我結婚並不是很久以前的事——我可以體會你的痛苦。）

相反的，如果認購清單上的項目太少，你可能會發現，禮物被認購光之後，很多客人於是決定挑選比較「有原創性」的——顯然，這可是個大災難。同樣糟的是，你可能會發現有些客人乾脆樂得根本不買禮物了。

解答的方法有點費工，但應該很值得。首先，你得**分批釋出**你的清單。頭一批，先列出你最優先需要的東西，然後密切注意過程。等到這批清單被選購得所剩無幾，才加上第二波清單。如果這批也快沒了，再補上第三波清單。現代科技可以相當輕易辦到這件事。

當然，這樣還是很麻煩。我自己結婚前，本來打算取消禮物認購清單，改收婚禮入場費。這樣似乎在各方面都簡單多了，但我未婚妻否決了這個想法。

我到現在還是不確定為什麼。

失望的，臥底經濟學家

譯註：一般英美的結婚禮物認購清單，是由準新人在特定商店中先選好想要的禮物，然後附在婚禮邀請函上，由賓客自行前往店家認購。

該不該讓孩子看電視？

想清楚：教壞孩子的，是電視，還是你自己？

親愛的臥底經濟學家：我的兩個兒子一個四歲，一個兩歲，關於要讓他們看多少電視，我太太和我無法達成共識。她比較不排斥讓孩子看電視，或許是因為她花比較多時間照顧他們，需要休息。我們要如何打破這個僵局？——來自白金漢郡溫多佛（Wendover）的保羅・密契爾

親愛的密契爾先生：

你們真的沒共識嗎？你們都希望小孩在學校表現出色，你太太希望能有點安靜的時間，而你的兩個兒子則想看電視。如果這些要求都無法並存，才會有問題。

但其實好像不會。芝加哥大學的經濟學家甘茲考（Matthew Gentzkow）和夏皮洛（Jesse Shapiro）在一份尚未正式發表的新報告中，研究的就是電視對兒童考試成績和未來事業的影響。結果發現，影響很小，而且還是正面的影響。對於那些父母不會講英語的兒童來說，效果還更好。

以前的研究，把「電視的影響」和「家庭環境的影響」搞混了。我敢跟你打賭，父親會穿網狀背心的孩子，在學校的表現也往往比較不好，但這跟網狀背心一點關係也沒有。

甘茲考和夏皮洛研究了電視在全美國的普及狀況。紐約在一九四〇年有電視，但丹佛要到一九五二年才有。有電視的地方，兒童每天會觀看三個小時左右——當時沒有什麼教育性節目，而且廣告很多。所以如果電視對兒童不好，年輕紐約客的腦部，應該比年輕丹佛人更早受損。但結果並沒有。

拋開你的偏見，坐下來跟兒童節目《芝麻街》裡的大鳥，一起度過有教育性的一天吧。搞不好，你會學到一點東西也說不定。

馬桶坐墊該立起還是放下？

要看他是體貼的紳士，還是自私的豬頭。

親愛的臥底經濟學家：我是不是該照我太太的要求，把馬桶坐墊放下來？或者，應該由她自己放下來？——來自英國塞潤斯特（Cirencester）的麥可．葛文德

親愛的麥可：

密西根州立大學的經濟學家崔宰弼（Jay Pil Choi，男性），證明了一件男人覺得很明顯、女人卻似乎搞不懂的事：在大部分看似可靠的假設下，「保持現狀」規則（上完廁所，不必放下坐墊），要比「放下」規則（上完廁所，要放下坐墊）更有效率。

理由是：坐墊應該只有在必要時——也就是某個人要使用廁所時——才需要去動它。

比方說，如果連續兩次都是男人上廁所，「保持現狀」規則會比較省事，否則他第一次離

開後放下坐墊，下次來又得再掀起一次。

崔先生也同時用某些花俏的數學證明，即使兩種方式中，你太太不便的成本是你的將近三倍，「保持現狀」規則還是比較好的選擇。

那麼，為什麼還是持續有爭議呢？數學家哈特（Richard Harter，男性）計算過，從男性單身時期或女性單身時期，轉換到結婚後所增加的成本。結果發現，由於男人有時候也需要放下坐墊，所以已經習慣了掀起坐墊的成本；獨自居住或和其他女生同住的女人，就從來不必掀起坐墊，因此婚後就會平白增加掀坐墊的成本了。

不過我覺得，這些思想家忽略了一個更大的格局。假設有兩種類型的男人：一種是體貼的紳士，一種是自私的豬頭。通常，女人很難在第一眼就辨識出對方是哪一種，但只要從他上完廁所後馬桶坐墊的狀態，就可以輕易接收到他是哪種「類型」的訊號。這是很有利可圖的一課，我很早就學會了。

要花錢請人，還是DIY？

——要看你想讓誰賺到你的錢，裝潢工人？還是旅行社老闆？

親愛的臥底經濟學家：我想花錢找人來粉刷廚房，而不是自己去搞那些油漆——不只是因為我討厭自己動手做，也是因為我身為一個專業人員，希望財富能下滲（trickle down）到社會底層。但總之，我先生說我們應該盡量自己完成體力勞動工作，這樣等到石油枯竭時，我們就有了應付任何差事的技能。你認為呢？——來自英國布里斯托的瑪麗安・德柏克

親愛的德柏克太太：

你們兩位顯然都沒搞清楚。當你決定付錢給一位專業裝修師傅，而不是利用自己的閒暇時間粉刷廚房，是不會創造任何「下滲」財富的。假如你自己動手做，你原先要付給裝

修師傅的這筆錢，就會花在度假、餐廳或買衣服上頭。我不知道你為什麼會認為，有資格賺這筆錢的是裝修師傅，而不是餐廳侍者或旅行社。

或許你擔心，假如不雇個裝修師傅，這筆錢就暫時不會花掉，那麼任何人都不會從這筆錢得到好處。但其實，你省下來的錢可以拿來投資，讓下一代更有錢。

找裝修師傅的原因，應該是他們會做得比你更好；而你自己賺錢付師傅工錢，要比動手粉刷節省時間。

同時，看來你老公有一種嚴重妄想症的症狀。挑個週末，送他去玩漆彈生存遊戲，趁他不在時，找裝修師傅來。

我不知道你們布里斯托那裡的狀況怎樣，我們倫敦這邊沒有什麼回到石器時代的跡象。即使人類文明真的走到終點，我還是不明白，為什麼粉刷廚房是項寶貴的技能。

末日啟示錄的，臥底經濟學家

怎樣留遺產給孩子

——如果他們想過奢華的生活，你怎麼設計，都阻止不了。

親愛的臥底經濟學家：我有個兩歲的女兒。我在考慮要存錢在她的「兒童信託基金」免稅帳戶，好資助她未來的大學學費，或是第一次買房子的頭期款。問題是，根據這類帳戶的規定，一旦我女兒年滿十八歲，這些錢就是她的了。我無法阻止她把錢亂花在交男朋友、買跑車、度昂貴的假期上頭。你有什麼建議嗎？——來自倫敦黑克尼（Hackney）的提摩西．莫里納瑞

親愛的提摩西：

你顯然是喜歡前瞻性思考的人，同時也是個控制狂。因此，你可以尋找其他投資金錢的方式，然後按照你自己的條件給你女兒錢。這表示，你會多付點稅或手續費，也可能兩

者都得付。但根本的事實是：假如你女兒想過奢華的生活，你怎麼設計，都阻止不了她。

你沒搞懂的是，只要老爸的錢安全放進信託基金裡，不管你女兒要到二十一歲或二十五歲或甚至三十歲才能動用，她都馬上可以拿著文件到任何銀行，借出一筆貸款來。

那麼，你該怎麼辦？最明顯的答案，就是把你的遺產留給流浪動物之家，而且跟你女兒和她的銀行經理講清楚，你已經這麼做了。

這招應該有用，但我不明白的是，你為什麼對你女兒自行決定的能力這麼沒信心？或許你自己年輕時，應該買輛跑車給自己——這樣一定可以讓你放鬆一點。

還有一點順帶一提，不必等到十八歲，她就可以跟男朋友一起幹蠢事了。

超愛控制的，臥底經濟學家

離婚好苦

別擔心，總會有一種經濟學，可以幫你減輕痛苦。

親愛的臥底經濟學家：我才剛離婚。往後我的可支配所得會減少——因為生活成本提高，再加上要付贍養費，再加上，我根本不想離婚。所以，我的狀況會越來越糟嗎？

——來自荷蘭馬斯垂克（Maastricht）的吉拉德．尼寇斯

親愛的吉拉德：

真同情你，狀況看起來不妙。如果能有任何安慰作用的話，我可以想出五個諾貝爾經濟獎得主的建議，會對你有幫助。

一開始，我們最好先看一下你的「恆常所得」。傅利曼用這個辭彙，來描述你的終身平均所得。你「未來」的恆常所得，以金融術語來說，看來的確會下跌。但傅利曼的分析

主張，你應該把痛苦分散到你未來的餘生中，而不要現在就沮喪到底。

貝克則分析了「婚姻的非貨幣收益」。顯然，對你而言，收益是正的，但對你太太來說卻是負數。根據寇斯（Ronald Coase）的看法，隱含了一個談判的機會：或許，你喜歡這段婚姻的程度，超過你太太不喜歡的程度。若是如此，你可以花錢，要她繼續跟你當夫妻。

要是這招不成，你就應該往好處想。羅伯．莫頓（Robert Merton）和麥倫．修爾斯（Myron Sholes）會建議你，記住這次離婚所帶來的新選擇。眼前你可能不覺得，但接下來你可能會發現，自己很享受在床上抽菸、任意調情，或甚至另外娶個女繼承人的樂趣。這一切都不確定，但人生的完全不可預測性，正是這些選擇的價值所在。

傅利曼、貝克、寇斯、莫頓、修爾斯，這五個人都得到了諾貝爾獎。離婚很痛苦，但總有一點經濟學，可以減輕這種痛苦。

撫慰的，臥底經濟學家

偏心

——你可能會發現，偏心必須付出不低的代價。

親愛的臥底經濟學家：我已經七十二歲，準備要立遺囑了。幾個女兒都嫁得不錯，除了一個大概會保持單身（因此財務上比較弱勢）。感覺上，對這個女兒慷慨一點，似乎有一種道德上的正當性。我覺得在我老年時，這個單身女兒比較可能照顧我，所以何不對她慷慨些？以經濟學的說法，我希望她會提供服務，而我會酬報她——她的姊妹們大概太忙或要專心照顧小孩，無法提供這個服務。請給我一個經濟上的正當性，讓我可以對這個單身女兒慷慨些。——來自澳洲的湯姆．荷登

親愛的荷登先生：

我們一次只解決一個問題吧。

離了婚的婦女往往會遭受到財務上的打擊，但離婚男人通常會過得更好。這告訴了你

什麼？

你可能以為，這意味著離婚對女人不好，但換個角度看，這可能也暗示著：婚姻其實對女人不好。若是女人願意付出代價以求離婚，那她們一定是痛恨這段婚姻。而男人不離婚，一定是很喜歡這個婚姻，因為他們離婚後會變得比較有錢。

所以，別為你的單身女兒太感到遺憾：她的已婚姊妹搞不好正在祈禱能分到你更多遺產，好讓自己離得了婚。

如果說，你那未婚的女兒願意照顧衰老的你，聽起來還比較有正當性。或許你應該安排得更明確一點：何不提議，請她來幫你打掃清理，而你按照時薪付酬勞給她？為了公平起見，如果其他女兒來探望你，你也該付錢給她們。這個方法會製造出一種隱藏的利益——你可以轉而成為公開市場上的競標對象。你可能會發現，你的女兒們可不會是低成本的幫手。

孩子很皮，該揍嗎？

——不要揍他，扣他零用錢即可。

親愛的臥底經濟學家：我兩個孩子分別是五歲和八歲，他們快把我逼瘋了。我試著管教他們，但他們太任性，有時我脾氣失控會揍他們。這樣不對嗎？我還能怎麼辦？

——來自英國切爾西（Chelsea）的吉兒・杭斯利

親愛的杭斯利太太：

兒童是理性的效用極大化者，但貼現率很高，因此時間持續很短。要利用正確的誘因讓他們乖一點，最有效的方式，就是立即性的小懲罰和小獎勵。通常，父母們都很難對未來的處罰做出可信的承諾。而理性的小孩也會明白，如果父母的恐嚇有不兌現的紀錄，他們就可以不理會這些處罰的威脅。

這兩件事實，都讓傳統上由來已久、很多家庭都有過的「行為紀錄表」言之成理，在紀錄表上，會以星星和黑點分別記錄孩子的行為好壞。儘管只是紙上的一個記號，卻象徵著立即性的賞罰。給小孩的零用錢，就可以用星星數目減掉黑點數目，這麼一來，更能強化這張表的效果。

這是個客觀、透明化的政策架構，這麼做，你的威脅就比較不會食言：要是紀錄表上明明有黑點，到了下星期發零用錢時，你就很難不予以扣除。

除非你很窮，否則沒必要揍小孩。倒不是說，窮人父母就該有不同的標準，我只是要強調：一個家庭若是沒法給小孩很多零用錢，就無法利用這個財務上的工具。那麼，有個取代的辦法，就是免費的體罰。

經濟學家魏柏格（Bruce Weinberg）已經發現，跟其他父母相比（甚至只是收入中等的父母），很窮的父母更常體罰小孩，且較少扣除零用錢。但如果你給得起合理的零用錢，那唯一需要的處罰，就是沒收零用錢了。

女強人，該不該生小孩？

──女人晚懷孕一年，生涯收入可增加一〇%。你，有多愛錢呢？

親愛的臥底經濟學家：我是個心懷大志的女人，現在二十來歲中段，正要展開期望中耀眼的事業生涯。但我也很想生至少一個小孩。我該等到什麼時候？──來自西倫敦的E．瓊斯女士

親愛的瓊斯女士：

在勞動市場上，有小孩的母親似乎表現得比沒有小孩的母親差，但其中的因果關係，可能沒那麼簡單。

比方說，這可能只是顯示了，那些想要事業成功的女人會延後生小孩的時間，但延後並不是女人事業成功的原因。

這一切看似無法衡量，但其實並非如此。維吉尼亞大學的經濟學家艾瑪麗亞・米勒（Amalia Miller），研究過懷孕時機對收入的影響。結果發現，影響很大：延遲懷孕只要一年，生涯收入就可望增加一〇％。原因之一，是你的工作時間可能較長，另一個原因則是你的薪水可能較高。

這些數字，全都排除了「選擇」的因素，因為這些女人的懷孕全都不是預期中的。米勒教授進行了三組人的比較。

第一組，是二十七歲當媽媽，及二十八歲當媽媽的女人，兩組都使用避孕法，所以懷孕生子的時間，並不是她們選擇的。另外，米勒也把二十七歲成功懷孕的女人，拿來比較同樣在二十七歲時試圖懷孕、卻一整年都沒成功的人；以及二十七歲流產、一年後才懷孕的人。這些女人想懷孕的時機都一樣，只是運氣不佳，然而，她們的事業卻也因此受惠。

米勒教授的研究結果告訴我們：只要你有勇氣，就應該盡可能延後懷孕的時間。不過，她的研究方法也暗示著，事情會怎麼發展，可能由不得你。

為孩子取名字

給黑人小孩取個白人名字，對孩子的未來並不會有幫助。

親愛的臥底經濟學家：我們即將迎接一個女兒的誕生，我們打算給她取名為Aisha，我們覺得這是個很美的非洲裔名字。問題是，我們並不是非洲裔，我岳母一直慫恿我們取個比較傳統的名字，比方Molly或Liz。能不能建議我們該怎麼做？——來自倫敦的提姆．芒克斯

親愛的芒克斯先生：

首先，非洲裔名字會害你女兒在職場上遭受到歧視嗎？其次，她會喜歡這個名字本身的優點嗎？

經濟學家慕萊納森（Sendhil Mullainathan）和博川德（Marianne Bertrand）曾寄出幾千

封假求職信給波士頓和芝加哥的雇主們，信中隨機使用截然分明的黑人或白人名字。

結果，他們發現了明顯無誤的證據顯示：雇主們對黑人名字的求職者，的確有種族歧視。條件很好的黑人名字求職者，所遭受到的待遇並不會比條件很差的黑人名字求職者來得好。那些雇主似乎一看到 Jermaine 或 LaTonya 這些典型的黑人名字，就直接刷掉。還有另一份由經濟學家弗萊爾（Roland Fryer）和李維特所做的研究則顯示，給黑人小孩取個白人名字，對孩子的未來並不會有幫助。

你的情況則比較特別，上述研究倒是沒有清楚的推論，但至少，你可以混淆那些種族歧視者。

接下來，還有你女兒偏好的問題。通常，十來歲的青少年會想要個平凡的名字，但很多成人的想法卻不一樣。因此，你得把她的全名取得有彈性些——取個有趣的中間名，再搭配一個比較平凡的首名，或者顛倒過來。等到她漸漸長大，可以隨自己喜好改變，看她平常想要用首名或中間名。我想，她做出來的決定，應該會比你、我，甚或你的岳母都要正確。

請你戒酒，好嗎

——你可以付出代價，請他停止喝酒；或者，請他付出代價，讓你停止抱怨。

親愛的臥底經濟學家：我繼父是個酒鬼，他的錢全花在買醉上。我非常憤怒，想做些很有攻擊性的蠢事。我母親的家用錢越來越少，我現在搬出來住了，但大概要不了多久，我就得拿錢給她，免得她債越欠越多。我要怎麼控制一個只有酒瓶在手才會滿足的酒鬼？我要怎麼解決他們的財務問題？我要怎麼樣才不會被我繼父的舉動激怒？

——知名不具

親愛的無名氏：

雖然你提出的問題，是繼父對酒精上癮；但真正的問題，在於你母親對你繼父上癮，而你又對你母親上癮。

有一些經濟學的想法，是關於如何戒斷有害的上癮——諾貝爾獎得主謝林（Thomas Schelling）創造出「自我經濟學」（egonomics）這個辭彙，大體來說，這些想法都假設：上癮者想戒除這個習慣。

但是看起來，你們三位其實都不想戒斷各自的癮。因此，這種癮就是另一位諾貝爾獎得主貝克和墨菲所建立的理論：「理性上癮」。也就是說，你們考慮過所有的成本和效益後，都寧可繼續上癮。

因此，你們應該關心的，不是各自的癮，而是外部性（externality）。你的繼父強迫你和你母親付出痛苦的成本，卻沒有提供任何補償。

另一位諾貝爾獎得主寇斯曾提出，外部性是可以講價的。你可以付出代價，請你繼父停止喝酒，或者他可以付出代價，請你停止抱怨。問題是，寇斯這個定理有個必要條件，就是：你們的談判，不必花費時間、紛擾、尷尬等等成本。以你們的狀況來說，這好像不太可能。

公平——做人不要太公平。有正確的誘因，不公平是可以造就奇蹟的。

親愛的臥底經濟學家：每回送禮物或給獎品時，我就是忍不住要公平。我只會區分不同的組（比方我的子女一組，甥侄兒女一組，我的朋友一組等等），但每一組裡面，大家一視同仁。因為我不想顯露自己的偏心或引起敵對，因此會給同組每個人同樣價值的禮物。如果企業照我這樣做，就沒有激發員工的「誘因」了。但這麼做，也可能意味著不會有不滿或不和諧，對吧？——來自德國的艾迪達．羅森斯托克

親愛的艾迪達：

如果在一個工作環境中，懶惰、無能、無禮的員工所拿到的薪酬，跟勤奮、能幹、親切的員工一樣，我不懂你為什麼會認為氣氛可以維持和諧。

不過，你說得有點道理。針對「競爭性薪酬制」的研究顯示，員工的確會受到激勵——例如，比較不會休假。但這種制度也會鼓勵員工在背後捅同事一刀，或是拒絕支援同事完成任務。雇主必須判斷這個制度對員工自我改進的激勵，是否超過團隊不合所帶來的損害。

我比較有興趣的是：為什麼你會採取這麼古怪的原則？你真的不在乎你的子女最後會變成遊手好閒的海灘懶漢，還是賺大錢的銀行家嗎？

正確的誘因，是可以造就奇蹟的。即使你唯一在乎的只有公平，你應該關心的，也不是自己付出多少，而是送禮後每個小孩（或朋友）得到多少。假如一個百萬富翁和一個窮人都從你那裡得到同樣的禮物，這表示，你是從自我中心的立場去定義「公平」。這樣的公平，當然會讓你的尷尬減到最低。真是自私啊！

憤慨的，臥底經濟學家

道歉經濟學

——道歉會讓我們更討人喜歡，但也會讓我們看起來很無能——就像柯林頓。

親愛的臥底經濟學家：我岳母有時真的很煩，最近她來我們家，逼得我對她口出惡言。其實她完全是自找的，但這點她才不管，我心愛的妻子也不管。所以現在搞得我們的關係有點緊張。我想我應該道歉，但我不想鼓勵她繼續嘮叨下去，也不想承認當時她是對的（因為她明明是錯的）。經濟學家能提供什麼解答嗎？——來自北倫敦的詹姆斯

親愛的詹姆斯：

乍看之下，這個問題並不適合用經濟學來解答，因為經濟學家會認為道歉是「廉價語言」——半點成本都不必花，因此毫無意義。

但史丹佛商學院研究所的經濟學家班傑明・何（Benjamin Ho），有現成的研究成果可供參考。他的博士論文主題，就是道歉的經濟學。

他的觀察心得是：道歉會讓我們更討人喜歡，但也會讓我們看起來似乎很無能。其實，已經有心理學研究證實了這個看法。例如心理學家費歐娜・李（Fiona Lee）和蒂登斯（Lara Tiedens）就在一次實驗中，讓受試者看柯林頓總統談陸文斯基緋聞的一些新聞片段。影片中，柯林頓似乎表示出歉意。

而在看過這些新聞片段後，受試者大都表示，自己更喜歡他，但也更不尊敬他了。這表示，道歉一點也不是廉價語言，而是代表你選擇讓自己表現得討人喜歡，卻很笨拙。而你若是選擇不認錯，看起來就會像個能幹而強硬的男子漢。

你拒絕向岳母道歉，會傳達出一個清楚的訊息：你樂意讓岳母尊重你，但對你敬而遠之。感覺上，你碰到的狀況完全就是如此，也難怪你太太會不高興了。

歉意的，臥底經濟學家

離婚律師

——無論女方怎麼做，對男方都是有利的。

親愛的臥底經濟學家：我太太和我分居了。想也知道，我們的關係不是太好，但也還可以。現在我們正在辦離婚手續，接下來就要分財產了。我該請個律師嗎？我不知道值不值得花這個錢。——塞斯，電子郵件

親愛的塞斯：

你顯然知道，這是個二至四人參與的零和賽局。這些財產，將會分給你、你即將離婚的妻子，以及你們兩人會雇用的律師。

你擔心，請律師只是把錢丟到水溝裡，我頗有同感。

這方面能找到的一點證據，值得我們好好思考。

奧地利經濟學家馬丁．哈拉（Martin Halla）收集了該國離婚手續的資料，發現了一個奇特的模式：如果完全沒有律師參與，丈夫付的贍養費最少；如果丈夫雇了律師，但妻子沒有，贍養費就會比較高（外加律師費）。而如果妻子雇了律師，或者兩人合雇了一個律師，丈夫付的贍養費還要更高。對丈夫最不划算的，就是雙方各自雇了律師，而且整個手續耗時更久，律師費也更昂貴。

但是，請謹慎解讀這個結果。因為我們並不清楚，究竟是請律師這件事，造成離婚分產對丈夫不利，還是丈夫是在情勢不利時才雇用律師。不過，哈拉發現的這個模式，的確跟你心裡的疑慮吻合。

那麼，在缺乏更進一步資訊的狀況下，哈拉的研究倒是點出了一個重點：你有一個優勢策略，就是無論你太太怎麼做，對你都是最有利的。這個策略，就是不要雇律師。而且你最好祈禱，別讓你太太看到馬丁．哈拉的研究資料。

遮遮掩掩的，臥底經濟學家

生日派對的盈餘

——記得，回報給下一個生日的孩子。

親愛的臥底經濟學家：我覺得好內疚，為了兒子的五歲生日，我花了兩百英鎊和另一個媽媽合辦生日派對，卻收到價值超過三百英鎊的禮物。如果我是客人，我不會喜歡這種生日派對，因為你送了兩份禮物，卻只收到一個回禮的禮物袋。但合辦派對絕對是理性的，因為只要付一半錢，卻有整套的禮物，不是嗎？——南倫敦媽媽

親愛的南倫敦媽媽：

恭喜你！把生日派對辦得更有效率。這似乎是個快樂的意外，因為你不了解，舉辦生日派對的過程中真正稀少的資源，並不是打包的剩菜或用後即棄的玩具，而是時間。你跟朋友合辦聯合派對，就替很多父母省下了時間，否則，他們就得趕場參加兩個生日派對。

孩子可能會覺得很吃虧，但也可能不會。就算是五歲的小孩，也不會想天天開派對。

至於在這樣的派對上獲利，經濟學家會很清楚的告訴你：禮物不必立刻交換，也未必要完全等值。你辦了一個獲利的派對，但在回禮上讓你覺得自己占了別人便宜。也許，你該把這類事情視為同一枚硬幣的兩面。不必等太久，獲利和損失就可以扯平了。這種虧欠的壓力，應該還不會大到害你無法再等一、兩個月，以便在其他小孩生日時送禮回報吧？

至於回禮的禮物袋，其實是一種很不道德的東西：你等於是把含有大量糖和添加劑的食品塞給別人的小孩。這種行為，是慷慨還是自私？我讚賞你把禮物袋減半的行動；唯一不滿的，是你終究還是送了禮物袋！

慶祝的，臥底經濟學家

與妹妹共同置產

——讓你妹妹多享受一些好處，是很合理的。

親愛的臥底經濟學家：幾年前我買新房子時，給了妹妹三〇%的房貸，好讓她也有資產。然後，她給了我一些錢，付房子的自備款——大概是自備款的二〇%。如果我們日後賣掉這棟房子的話，投資比較多、承擔比較多責任的我，是不是應該拿到比七成還高的權益呢？——班

親愛的班：

真是不可思議，買房子這種牽涉到大筆金錢的事情，你們雙方居然沒有事先講好條件。但或許我不該感到驚訝——你的來信顯示，你連自己的想法都搞不清楚。

你不可能「給」別人某部分的抵押貸款，就像你不可能把餐廳帳單「給」別人一樣。

如果你的意思是，你給她三成的產權，以交換她幫你付自備款，那就保持這個協議。但我想你的意思是，你妹妹幫你付二〇％的自備款和三〇％的抵押貸款，且到目前為止，還沒有任何回收。而另一方面，你的生活費用有了資助，你在房地產市場的投資風險也有人幫你分攤。多虧房市熱絡，你們的聯合投資成功了，現在你想多刮走一些利潤。但要是房價下跌——你們購屋時一般預測是如此——你會提出要承擔超過七成的損失嗎？

由於你們的協議很模糊，所以也就不會有明確的分配結果；但是，讓你妹妹多享受一些好處是很合理的。原先她什麼便宜都沒沾上，只承擔了風險；而你的生活費用卻省了不少。家人果然是很有價值啊。

震驚的，臥底經濟學家

父母縱容妹妹

那不是偏心，只是因為「假裝嚴格」的誘因變小了。

親愛的臥底經濟學家：我二十二歲，有個妹妹。我父母管得很嚴，所以我十來歲青少年時期很懂事。我不會跟人亂上床、不嗑藥，從來沒染上菸癮，畢業後也找到一份好工作。但現在我十七歲的妹妹卻可以犯錯而不受罰：我爸媽知道她抽菸，讓她男朋友來家裡過夜，對她各種行為不檢也假裝沒看到。真是不公平。我青少年時期那麼守規矩，是不是錯了？——來自英國赫特福郡（Hertfordshire）的喬琪．H

親愛的喬琪：

最近一期《經濟學報》（*Economic Journal*）介紹了一個相關的簡單賽局理論模型。所有的青少年都不想守規矩，但又擔心被父母制裁。父母想恫嚇子女，不乖就要懲罰，但只有某些夠嚴格的父母，才會真的說到做到。

你妹妹的存在，造成這個賽局對你不利。因為你父母顯然很心軟，但他們有明顯的誘因去假裝很嚴格，因為每回他們處罰你時，心知此舉還可以威嚇你妹妹。

現在你已經離家，他們「假裝嚴格」的好處就小得多，紀律也就逐漸鬆弛了。你妹妹試探過後，發現你父母並沒有懲罰。換了過去的你，就不會那麼容易了。然而今天，套牢成本（sunk cost）已經不存在，所以你該為自己畢業後得到的好工作滿意。要是你真的想嗑藥或跟人亂上床，我可以向你保證，現在還不遲。

不乖的，臥底經濟學家

生產後，該住院幾天？

——沒有證據顯示，住院比較久會有幫助。但母子住院久一點，是可喜的喘息機會——對父親來說。

親愛的臥底經濟學家：在某些國家，生產後母親和新生兒會住院很多天，但有的國家則很快就出院了。哪個才是對的？我現在懷孕了，我想知道自己生產過後，應該要設法多住院幾天，或者早點出院？——來自北倫敦的蜜雪兒

親愛的蜜雪兒：

這個問題無法用簡單的分析回答，因為比較複雜或比較令人擔心的母子，想必會住院比較久。但這並不表示住院比較久，就會引起併發症或令人擔憂的狀況。

因此，我們就必須來看看那些沒有好理由就被要求早早出院的母子，後來會怎麼樣。

幸好，這類例子並不缺乏。加州的保險公司會付固定住院天數的費用，但每天是從午

夜十二點整起算。夜裡十二點零一分出生的小孩，就可以住院二十四小時，才會算是一天；而晚上十一點五十八分出生的小孩，才過兩分鐘就算是住院一天了。經濟學家阿蒙德（Douglas Almond）和多以爾（Joseph Doyle）便利用這種比較方式，調查這些母子多住院一天是否有幫助。

他們看了母子的存活狀況，以及他們稍後是否又再度入院。結果，沒有證據顯示，住院比較久會有幫助。

我自己的經驗則是：母子住院久一點，是個可喜的喘息機會——對父親來說。

鬆一口氣的，臥底經濟學家

誰陪孩子睡覺？

答案是：輪流。如果剛好你很累，sorry，只能怪你運氣不好。

親愛的臥底經濟學家：我先生和我的工作都很繁重，家裡還有兩個五歲以下的年幼小孩。哄小孩上床，有時很滿足，但更多時候卻只是讓我筋疲力盡。大部分工作——尤其是講故事和瞪著天花板等小孩睡著——最好是由父母其中一人單獨進行。所以，我們該怎麼分攤這項家務呢？最簡單的方式當然是輪流，但如果其中一個人當天特別累呢？我們應該用拍賣之類的方式來分派嗎？——蘇菲．詹姆森

親愛的蘇菲：

你的問題出奇地微妙。輪流，看起來是沒有效率的，因為比較累的那個人可能會剛好輪到要做這件家務。但如果利用一個更有彈性的補償給付（side-payments）系統又太複雜

了，而且可能會被濫用，說不定你們其中之一會假裝自己累死了，但其實只是想享受一杯葡萄酒、看點電視罷了。

這類情況很常見。例如統一定價的卡特爾就得取捨，看是要遵守固定的利潤分配規則，還是要採取複雜的市場占有率方案。蘇珊・艾希教授（Professor Susan Athey）已經在她繁難的數學研究中，分析了這個問題。她發現，較無效率、但較簡單的方案，通常比較管用（雖然不是每次都行得通）。

所以，你們的確應該採取輪流的方式，如果偶爾無法達到最適狀態，那也只能怪運氣不好。

請注意，艾希也有兩個不到五歲的孩子。

爺爺奶奶老愛亂餵寶寶

千萬別氣他們。別忘了，他們是在幫你照顧小孩。

親愛的臥底經濟學家：我有兩個年幼的小孩，很感激我爸媽偶爾會幫我照顧他們幾個小時。我的煩惱是：他們會給小孩吃一大堆巧克力、洋芋片、冰淇淋。這對小孩的身體、行為都不好，也破壞了我努力想讓他們吃營養食物的苦心。為什麼祖父母會有如此不同的觀念？我可以改變他們的想法嗎？——來自蘇格蘭坎布里亞（Cumbria）的FM

親愛的FM：

這種狀況很常見，但你搞錯原因了。你的父母並沒有不同的觀念，而是有不同的誘因。據你推測，垃圾食品策略的成本主要是長期的：小孩會變胖，會有蛀牙，而且會不肯吃比較有益健康的食物。

反之，垃圾食物的好處——小孩開心的笑容、感激的親吻、乖乖保持安靜——則全是短期的。他們只是暫時幫你照顧，所以採用的策略是完全理性的。

別跟父母講道理，而是務必要改變他們的誘因。不幸的是，要做到並不容易。你可以試著收買你的父母。但千萬別威脅他們，因為帶小孩已經是在幫你的忙了。

或許你最有勝算的，是安排更長的照顧時間。等到你父母體驗過吃了糖而精力旺盛的三歲小孩不肯睡覺，他們對於以垃圾食物安撫小孩的優點，就會有全新的想法了。

重視營養的，臥底經濟學家

怎樣跟孩子解釋金融危機

——從前從前，怎樣怎樣。從此，他們過著悽慘落魄的生活……

親愛的臥底經濟學家：我年幼的兒子放學回家後問我：「媽咪，什麼是信貸危機？」我該怎麼向一個五歲大的小孩解釋？——來自倫敦的LG太太

親愛的LG太太：

從前從前，二〇〇八年前不久，有個純真無辜的女孩叫「消灰姑娘」（Consumerella，譯註：即「消費者」〔consumer〕加上陰性字尾），她沒有錢去買自己心愛的東西，於是就去找她的仙女教母。

教母打電話給一個名叫皺皮怪（Rumpelstilskin）的男人，此人住在華爾街，據說可以把稻草紡成金線。皺皮怪把這個魔咒的祕方給了仙女教母，用很小很小的字寫成，所以她

沒有仔細讀，她心想，反正「巫師交易委員會」會檢查。

於是，仙女教母用很便宜的價錢，搬走了一大堆發亮的稻草衍生品。這次交易的成功，讓她壯了膽。因此，她二話不說，借給消灰姑娘（她正要舉行一個大型宴會）所需要款項的一二五%。消灰姑娘買了一件閃閃發亮的晚禮服、一棟宮殿，還有一輛賓士汽車，剩下的，買了香檳。

消灰姑娘的第一次還款期限，是在午夜十二點。但是到了午夜，由於過於放縱、完全沒想到要怎麼還錢，消灰姑娘當然還不出第一次分期付款。於是，消灰姑娘的信用評等變成了一顆南瓜，皺皮怪的咒語失效。她和仙女教母赫然發現，滿地窖的金子變成了稻草。

一切就這樣全都沒了！然後，聖誕老人帶著一群助手出現——這些助手的名字不太像童話人物，例如達林（Darling，英國央行總裁）和柏南克（Bernanke，美國聯準會主席）——開始分發禮物。直到一月，消灰姑娘的信用卡帳單寄來，她發現，聖誕老人所送的禮物都是以她的名字辦了貸款買的。從此，他們過著悽慘落魄的生活。全劇終。

特定案例的細節，以滿足讀者病態的窺密狂，但通常這些作家所提供的建議，卻不太適用於其他狀況。

經濟學家正好相反，他們通常甘願犧牲細節，為問題提供一個普遍適用的理論，一個理想化的解答。「親愛的經濟學家」就是這樣的專欄。

至於收到這類建議的來函讀者會怎麼想呢？嗯，很少有客訴。

娛樂經濟學

要不要上健身房

美食與好酒、歡笑與休閒。這些或許不是攸關生死的大事，卻是喜悅與焦慮的來源，也因此，絕非無關緊要的瑣事。

要是沒人指點，怎樣挑一瓶適合帶去晚宴的葡萄酒，就可能讓你猶豫不決、羞愧，甚至悔恨。要不要在學生宿舍大家共用的冰箱裡放瓶牛奶，其痛苦折磨的程度，也會像是身在地獄第四層。

經濟學的百寶箱裡，其實裝滿了各種調查、實驗研究、高深理論，能在這一單元中派上用場，回答你各種有關休閒活動的問題。

在這類疑問中，經濟學最好用的地方之一，就是經濟學家會試著找出普遍適用通則。一般讀者問答專欄的作家，會傾向於描述某個

輪流請客

很好，這代表你們感情好，服務生也不必拿十幾張信用卡去刷了。

親愛的臥底經濟學家：我的好友圈子裡遵循一個「輪流請客」的方式，基本上我們從來不會費心去計較誰付帳，因為我們打算當一輩子的朋友，所以長期下來不會有人吃虧。這在經濟學上合理嗎？——來自英格蘭薩里（Surrey）的露絲．科爾比

親愛的科爾比女士：

你們這個別出心裁的方式，兼具了高風險與高報酬。報酬來自兩方面。第一，大幅節省了交易成本。已故的幽默作家道格拉斯．亞當斯（Douglas Adams，他一定也可以成為一名經濟學家）曾推論，分攤飯錢帳單的計算過程實在太愚蠢了，因而應該要有專屬的超現實數學分支，叫做「餐館數學」（bistromathics）。你們所用的方式，意味著服務生不必每頓飯都得拿十幾張信用卡去刷，而且你和朋友們也永遠不必去研究那套什麼「餐館數學」。

第二，每回只要有個人去付帳，這付帳的人就會傳送出一個訊息：她期待跟你們之間這份友誼持續久遠。你們這些好友相聚的人生，就是一連串表達友誼的可信訊號——對懂得經濟學的人來說，這是真正表達愛意的聚會。

不幸的是，你們犯了一個賽局理論新手常見的錯誤：碰到有新人加入時，你所描述的均衡狀態，就會變得不穩定。假如有個新朋友加入你們的圈子之後，仗著大家的慷慨而白吃白喝，直到你們當中有人開始質疑時，他可能已經白吃了好幾頓飯了。

你們唯一理性的方法，就是：要求任何加入的新朋友，得先交一大筆保證金。只要他們有不合作的行為，就可以沒收這筆保證金，用來支付他們加入早期應該付的款項。有了這樣的方案，即使新加入者太多，也不會造成你們好友圈的困擾。

放心讓孩子去追星吧

——孩子追星，是他們根據自己所掌握的資訊，所做出的精明決定。

親愛的臥底經濟學家：拜託你能不能解釋一下我十二歲女兒的行為？她好像隨時都會出現新的狂熱。之前是迷歌手賈斯汀；現在又在瘋瑪丹娜。我能不能說服她做自己，而不是跟隨某個同齡的不理性群體湊熱鬧？——來自英國溫徹斯特（Winchester）的湯姆．傑可布斯

親愛的傑可布斯先生：

年輕人的「狂熱」可能不像你以為的那麼瘋狂。你說他們是「不理性群體」，但如果正好相反，這個群體是完全理性的呢？

為賈斯汀這類對象著迷，你女兒當然有她自己的主張。但她一定很清楚，其他女生擁

有關於賈斯汀優缺點、對手藝人音樂是否好聽的種種寶貴資訊。傻瓜才會忽略這類資訊。

照理說，你女兒應該會觀察音樂排行榜和最新消息，例如音樂分享軟體上的歌曲排行榜，或是英國BBC網站的名人股價指數 Celebdaq（就在我寫這封信的過去一個小時裡，瑪丹娜的指數上升了〇．一七％）。每個下載瑪丹娜新歌的人，都肯定了這首歌的品質，結果可能引發更多人去下載的連鎖效應；假如沒有人跟隨這些早期下載者，那首新歌便會慘遭失敗。

一個不懂經濟學的觀察者（比方說，一個擔心著孩子迷上音樂的父親），可能只會看到藝人的人氣漲跌。他不會明白，這是每個女孩根據其他人所掌握的資訊，所做出精明推論的結果。你女兒顯然是個天生的經濟學家。

我建議你，先親自研究這個主題，這樣你不但會更了解你女兒，甚至可能會開始欣賞瑪丹娜。

競爭者太多，怎麼辦？

——要降低競爭，就要讓新加入者付出「入場費」。

親愛的臥底經濟學家：我們附近酒館裡，有張我平常最喜歡的桌子。可是最近桌邊越來越擁擠了，每回我們幾個人坐下來喝兩杯，就會有人陸續加入，搞到最後連彎起手肘的空間都沒有。為什麼會有這種狀況？我們能怎麼辦呢？——來自白金漢郡的喬治．帕利特

親愛的帕利特先生：

生意這麼好，對那家酒館老闆來說，真是好消息！但我明白你為什麼會不高興。只要藉助經濟學教授薩洛普（Steven Salop）針對自由進入的「差異化競爭市場」，所建構的「圓形城市模型」（circular city model）*，就可以輕易解析出你煩惱的原因。他的分析，是一九七〇年代產業經濟學的經典。

在薩洛普的模型中，廠商在一個圓形空間中競爭——想像一下，一個可以乘船游湖的湖畔一角，有一些冰淇淋攤子。薩洛普證明，在這種情況下，每個冰淇淋小販都會搶客人；這會使得其他小販得付出更高的代價，才能爭取到客人。到最後，我們遲早會看到，冰淇淋攤子太多、多到搶不到客人的一天。

這不就是你目前困境的寫照嗎？你們圍坐在酒館裡的一張桌子旁，每個新來的客人，都得決定是否要擠進來跟你們共享這張桌子。但當然，他們不會去想到，這麼做會給其他人造成不便。最後一個加入你們的（因為，遲早會擠爆到讓人寧可選擇站著），無論站著或坐著都無所謂，只不過寧可選擇坐著而非站著罷了。但是，對於原本已經坐下，現在卻得挪出空間的人來說，就不是那麼無所謂了。

這個問題的解答很簡單，也很常見，我很驚訝你們原先居然沒有想到。

這個解答就是：每個新加入者都該交「入場費」，補償其他人——按照慣例，就是請每個人喝一大杯啤酒。這個絕妙的解答，可以確保占據這一桌的原有客人因為讓出空間而獲得補償，同時也確保桌子越擠、加入的吸引力就越小。

圓形城市模型：薩洛普於1979年提出，假設消費者均勻地分布在周長為1的圓周上，廠商也沿著圓周等距離分布且只能有一個位置；所有行動都只能沿著圓周行進。在這個模型中，廠商先自由決定是否進入，在地點給定的條件下，廠商會在商品價格上進行競爭。其邊際利潤會隨著廠商數量的增加而減少。

給我吃一片你的牛排，好嗎？

——你應該堅持：每個人都有自己所點那道餐的所有權。

親愛的臥底經濟學家：我常跟朋友去餐廳吃飯，然後總會有人建議：「我們何不點幾種不同的菜，大家分著吃？」我不喜歡這個主意，因為這樣會搞得亂糟糟，而且也會降低選擇的樂趣，但一旦有人這樣提議，我如果提出反對，就顯得很沒禮貌又不合群。我要怎麼處理這種情況，同時又不會得罪朋友？——來自愛爾蘭都柏林的K先生

親愛的K先生：

我也有同感。我點的是珍貴的牛排，何必拿去換哪個笨蛋點的炸雞？然而，我們要學的，不光是禮貌的反對方式而已。

這問題，乍看之下似乎無法解決。困難之處在於，儘管你不喜歡這種狀況，但其他人

卻可能很樂於把自己的食物切成小塊，像是要餵嬰兒似的分給大家。所謂分享，只有在其他人的開心壓過你的不悅時，才能成立；否則就不是分享。但，要由誰判斷呢？

所幸，根據備受尊敬的諾貝爾經濟學獎得主寇斯（Ronald Coase）所研究出的「寇斯定理」（Coase Theorem）*，其實你們只要清楚表明產權，就會有快樂的結局。

因此，與其公然反對，你應該堅持的是：每個人都有自己所點那道餐的所有權。只要雙方同意，當然可以進行交換。這樣一來，就可以確保只有在有效率的狀況下，才會發生分菜吃的情形，而你也沒有義務非參與不可。不過，可能有人會提出優厚的補償條件，說服你加入。

根據寇斯定理，目前為止你的煩惱就是：每盤菜的產權不清楚罷了。

我應該警告你，如果商討的成本很高，這個定理就無法成立。經濟學家常常苦惱於「很難把所有談判者一起找來同桌討論」。但以你的狀況看來，這一點我想應該是最不必擔心的。

寇斯定理：只要交易成本等於零，不論法定權利給誰，都會達成資源最有效率的配置。例如：AB兩家電台在同一個頻段廣播會互相干擾，因此必須將該頻段做最有效的分配。由於A在該頻段中可獲得更大利益，因此有足夠誘因向B購買或租用該頻段的使用權，而A所願意付出的金額，必定大於B為了放棄頻段而願意接受的金額。

該給網路賣家壞評價嗎？

——一份有關 eBay 的經濟學報告指出，給壞評價的人的確很可能遭到報復；將近一半的負面評價都是如此。

親愛的臥底經濟學家：我最近在eBay買了一本收藏本漫畫。賣方的評價很完美，但書況比他宣稱的糟很多。我很想給他負面評價，但想想又覺得自己太嚴厲了。而且，我擔心會遭到報復。你的建議呢？——來自加州的吉姆·赫茲

親愛的吉姆：

讓全世界都知道這傢伙是個騙子吧！

大部分讀者都曉得，eBay 是個龐大的網路大賣場，大家在上頭以拍賣方式買賣各種物品。每次成交後，賣方和買方就會給對方公開評價。這本來是會鼓勵大家誠實交易的，但或許就因為你所提到的疑慮，通常兩百個評價裡，會有一九九個是正面的。

根據經濟學家的看法，eBay 賣家如果累積到數百個正面評價，便可以成為精選商店（premium）；但一兩個負面評價並不會造成太大的傷害。這也很合理：畢竟，你很難假造出幾百個滿意的顧客。

不過，經濟學家巴札里（Patrick Bajari）和霍塔克蘇（Ali Hortaçsu）最近考察過有關 eBay 的經濟學文獻。根據他們的報告，你的確很可能遭到報復；將近一半的負面評價都是如此。

但話說回來，這是否意味著你必須擔心招來報復？的確，負面評價有一個很清楚的效果：很可能迅速引來其他人跟進，貼出負面的評論。通常，就算某些賣家行為很差勁，很少人願意第一個點破；但如果你帶頭說出實話，就是幫了其他 eBay 使用者一個忙。就算沒人跟著貼，只有你一個人給負評，賣家也不會受到什麼傷害。

而且，就算你因此而收到報復的評論，也不會損及你自己的生意——除非有很多不滿意的顧客正在排隊，等著要講你壞話。

該不該看排行榜

倘若你仰賴其他人的意見，其他人就無法受惠於你可能擁有的洞見。

親愛的臥底經濟學家：我發現自己越來越按照某種「排行榜」做決定。我會按照叉子符號的多寡，去挑選美食網站epicurious.com上的食譜。我會去亞馬遜網路書店，看我想買的書得到幾顆星。但我擔心這些排行榜會長存不滅。我該如何挑選更好的食譜、閱讀更好的書呢？——來自紐約的提姆．巴利特

親愛的巴利特先生：

你這麼信任他人的品味，真是感人，偶爾也可能是明智的。索羅維基（James Surowiecki）的著作《群眾的智慧》（*The Wisdom of Crowds*）中，便點出了一個事實：某些問題，比方說猜測一頭公牛的體重，由一大群人所猜數字的平均數，要比問一名農夫還準。

群眾的智慧，只能應用在共同價值問題上，所得出的答案，是客觀的事實。相反的，一份食譜的集體智慧，沒有任何意義，除非我們都在尋找法式燉蔬菜的最理想形式；但即使如此，我們徵求的意見越多，就能越接近正確的答案。

不幸的是，如同你發現的，一份食譜之所以受歡迎，可能只是因為大家都從排行榜上挑選。比較好的排名方式，應該先讓大家先選出自己喜歡的，然後才秀出排行的清單；接下來若有人從排行榜中挑選，也會大幅扣減該項目的積分。

否則，群眾的智慧就會被「群聚」（herding）行為搞得模糊不清。當一個讀者登入亞馬遜網路書店，無論他原本怎麼想像哈利．波特，都很容易相信其他一千八百萬名購買的粉絲不可能犯錯。

也就是說，倘若你仰賴其他人的意見，你的選擇就無法揭露新的資訊，而我們其他人，就無法受惠於你可能擁有的洞見。

不過看起來，你顯然是典型的一張白紙，或許，你這麼做也不是什麼太大的損失。

取消休假，值得嗎

——要看你做哪種選擇最快樂。

親愛的臥底經濟學家：我打算休一年長假，跟朋友環遊世界八個月。但有個難題：我們應該縮短行程、旅行四個月之後就回英格蘭，參加一個好友的婚禮嗎？這表示我們就得放棄紐西蘭（以及接下來四個月的休假）。——來自倫敦的寶拉．瑪文

親愛的寶拉：

你有兩套計畫，如果其中一個比起另外一個而言是「柏雷托更優」（Pareto-superior）方案，你的選擇就很簡單了。

所謂「柏雷托更優」的計畫就是：一個**可以使至少一個人更好，且絕對不會使任何人更糟**的做法。

我只能假設，你的好友會寧可你參加她的婚禮，但你的同伴則顯然是寧可選擇相反的計畫，繼續旅遊四個月。你沒有辦法改善其中一個人的想法，而不損及另外一個人，所以很不幸地，兩個選擇都不是柏雷托更優。

那麼，你該如何選擇？

我建議採用「希克斯—卡多爾補償檢驗」（Hicks-Kaldor compensation test）*。如果你願意給你好友一筆夠多的現金，安撫她因為你缺席的難過，同時你還覺得自己占了個便宜，那麼，你就符合希克斯—卡多爾檢驗了——你可以按照原訂計畫，旅行八個月。

幸好，你不必真的為缺席婚禮而賄賂你的好友——這是好消息，因為這筆賄賂可能會被曲解。因此，其實你只需要知道：你好友在婚禮人群中看到你那片刻的愉悅，當然比不上你和同伴一起遊玩長達四個月的歡樂。比較一下，該怎麼選擇就很清楚了。

*希克斯—卡多爾補償檢驗：經濟學家卡多爾（Nicholas Kaldor）與希克斯（John Richard Hicks）提出的福利經濟學原則：只要政策對部分人口帶來的效益，超過此政策對其他人造成的損失，以總體效益來看仍是正值，該政策即符合經濟效率。此觀點或稱為「補償原則」，因為以上損失可被效益所補償並有餘。

健身房經濟學

——建議你：拿五十萬台幣，賭自己會不會天天上健身房！我很樂意跟你打這個賭。

親愛的臥底經濟學家：我的新年新志願就是多運動，於是我加入了一家健身房。但是說來不好意思，我很少去。我可以取消會員，但或許我該保留資格，當成去健身的誘因？——來自英國格拉斯哥的珍奈．塔格特

親愛的珍奈：

很多健身房都會提供三種會員資格。一種是提供給不常去的人——比方可以使用十次之類的。還有一種是月費制，可以無限期持續下去，也可以隨時取消。這對常去健身房的人很方便，他們可能因為搬家或旅行，希望可以選擇取消。第三種是年費制，如果不更新，期限到了就會失效：折算起來每個月的費用比較便宜，但也比較沒彈性。

不同的契約適合不同的人，但我們幾乎都會選錯。比方說，像你這樣不會去健身房的人，就總是選擇月費制。更慘的是，這些不幸的傻瓜連取消都懶得去辦，這表示，其中很多人倒還不如選擇繳一年的年費。

以上這高明的想法，源自一篇傑出的論文〈花錢不上健身房〉，作者是經濟學家德拉維尼亞（Stefano DellaVigna）和瑪門迪爾（Ulrike Malmendier），參考書目中包括了《BJ的單身日記》及其續集。

我給你的建議，就是去看看能不能把會員換成每次付費制。這樣你比較省錢，除非你的意志力忽然變得十分堅強（若是如此，你反正以後隨時可以換成年費制）。如果你要尋找財務上的激勵，何不拿出一千英鎊，賭自己到年底都會天天上健身房。我隨時都樂意跟你打這個賭。

電影票價

——你消費的不是電影，而是電影放映的設施。

親愛的臥底經濟學家：去餐廳點菜時，成本比較高的菜——例如龍蝦，或是高薪大廚發揮想像力的名菜——就會賣得比較貴。買衣服也是如此。

然而，我去電影院時，無論放映的是什麼片子，也無論製作成本是多少，票價都一樣。由於我平常只會去看那種被捧上天的大製作電影，所以老覺得那些看普通小成本電影的可憐蟲在補貼我。為什麼電影院不採取彈性票價呢？——來自美國紐約州羅徹斯特（Rochester）的亞瑟．史普林

親愛的史普林先生：

你搞錯了。你消費的不是電影，而是電影放映的設施。而無論什麼電影，放映設施的製造成本都是一樣的，跟電影的製作成本一點關係也沒有。

不過，中間還是有一個小問題：就算我們不期待大製作電影的票價比較高，但為了要讓電影院滿座，電影院業者應該要有不同的票價才對。受歡迎的電影，不見得票價就該更貴——就像書，最暢銷的通常打折幅度最大。但統一定價是很奇怪的。

一個解釋是，電影院可能會擔心有人買了便宜電影的票，然後溜到另一廳去看比較貴的那部；但這種解釋不成立，因為早在多廳放映的電影院出現之前，看電影就已經是統一定價了。

第二個解釋是經濟學家歐巴克（Barak Orbach）提出的，那就是片商不喜歡自己的片子被當成「減價電影」，於是就告訴電影院要收多少票價。但因為這在美國是違法的，他們的指示必須非常簡單，於是就出現了統一定價。

至於我自己，對這做法有個最簡單的解釋：統一的低票價最不麻煩，而且是促銷爆玉米花的最好方式。

食量小，怎樣享用「吃到飽」？——最好的方式，就是遠離它。

親愛的臥底經濟學家：我常會碰到食物無限量供應的狀況，有時是吃到飽的自助餐；有時是親友舉行婚禮、宴會之類的，會提供大量精緻美食，希望能給來賓留下深刻印象。我喜歡美食，但食量畢竟有限。所以我該如何調整吃法，才能享受到最大的樂趣呢？——來自英格蘭舒茲伯里（Shrewsbury）的M．紐曼先生

親愛的紐曼先生：

這個問題其實相當深奧，而且最適策略，當然也要看你的品味而定。如果你擔心體重，那就用礦泉水、芹菜、萵苣填飽肚子；不過更好的方式，就是遠離這類無限量吃到飽的自助餐。

不過我認為，這個問題還是有幾個一般通則。

如果這個自助餐是同時提供各種菜，你的最佳策略，就是每種看起來不錯的菜都先試吃一點，才能判定你真正喜歡的是哪個。下次再去取菜，就專攻喜歡的：你可以只吃最喜歡的一種，或是多樣化的兩三種。

但若是照順序出菜，那就得承擔比較多風險。有可能某種菜你取得太少，後來才發現是當天最棒的一道。

因此，最好的辦法，就是**思考提供食物者的動機**。如果是在餐廳，他們會設法先塞給你便宜又易飽的食物，所以先按兵不動，等好菜上來再說。但在婚宴上，主人會想給你留下良好的第一印象。所以你該大喝香檳、多吃前幾道菜——因為菜色只會越來越差。你總不希望最後用結婚蛋糕填飽肚子吧？

盜版書可以買嗎？

唉，有道德良知的人向來會吃虧，就像出版社和我。

親愛的臥底經濟學家：最近我一個朋友去印度孟買，那裡滿街都是西方國家的盜版書。除了哈利．波特之外，也有《誰賺走了你的咖啡錢》（按：本書作者的另一本暢銷書），價格是三．九五盧比。這顯然是盜版品——紙張很差，印刷油墨的味道很重。我的朋友是否應該買下這本書，因而助長犯罪行為，而且害你損失版稅？如果他買了之後要送給我，我該接受嗎？我接受又閱讀了之後，是否該給你版稅？我手中有你寫的書，但書中找不到這些問題的解答。——來自倫敦的克里斯多福．賀德

親愛的賀德先生：

面對這類非法競爭，出版商都傾向於朝高階市場努力，提供價格較高、品質較好的產

品，並設想自己無法在價格上擊敗盜版商。可是，有道德良知的人向來會吃虧，就像我和出版商這樣。盜版書的成本大約是五便士——比我微薄的版稅還要低。

但這其實跟你無關。即使便宜版本的品質很差，但產品的本質還是一樣的。比方說，你手上那本書中之所以沒有談到著作權相關的內容，那是因為合法的原版裡本來就沒有。所以，也不能怪你和你朋友違法去買盜印書。

你真好心，還提出要給我版稅。不過真正適當的做法，就是應該也補償出版社和印刷廠所損失的收入，他們賺的也是辛苦錢。你的電子郵件不但有回信網址，還附上了犯罪的照片證據，那麼放聰明點，或許你最好這麼做。

原版的，臥底經濟學家

葡萄酒經濟學

——葡萄酒的價格，是場騙局。

親愛的臥底經濟學家：我常跟一個朋友輪流到對方家裡共進晚餐。我的難題是：他是個葡萄酒勢利眼。他老是吹噓，他帶來我家的是昂貴葡萄酒，然後對我帶去他家的酒嗤之以鼻。我不太懂葡萄酒，也買不起那些上等葡萄酒。這件事開始破壞我們本來應該共享的愉快夜晚。拜託幫幫忙。——來自南倫敦的奧利佛·莫里斯

親愛的莫里斯先生：

我自己是個小氣的葡萄酒白癡，因此很能體會你的困境。有回一個朋友給了我一本葡萄酒指南，要我下回買酒前先參考一下。

但我現在有了一個平常人無法得到的資料來源：新發行的《葡萄酒經濟學學報》

（*Journal of Wine Economics*）。這個學報的第一期，證實了我懷疑許久的事情：葡萄酒是個騙局。

一篇由兩位法國研究者執筆的文章，針對葡萄酒價格進行分析，結果顯示，價格是由酒瓶標籤上的產地和年份所決定。在品酒會中，一組專家會在不知道產地與年份的情況下矇瓶試飲（blind taste test），然後鑑別這些葡萄酒的優劣，但其實他們的評鑑結果，對價格的影響非常小。

這兩位法國作者評論道，「照理說，專家的評鑑是衡量品質的合理指標，所以我們原本以為，這個變數對價格應該有更大的影響才對。」

如果唯一重要的就是酒瓶標籤，那麼一個很簡單的策略就呼之欲出了。你可以拿出你朋友留在你家的空酒瓶，想辦法取下酒標，然後貼在你下回要帶去他家的酒瓶上。根據《葡萄酒經濟學學報》的說法，在矇瓶試飲會中，大部分專家其實對較便宜的葡萄酒評價較高。既然如此，他說不定還很喜歡你挑的酒呢。

誰偷喝你冰箱裡的牛奶

——在牛奶旁邊放一個捐款盒，方便你的室友或同事喝你的牛奶之餘，也貢獻幾分牛奶錢。據說，貢獻率有九成。

親愛的臥底經濟學家：我和其他六個學生住在一棟學生宿舍裡。我們全都喝牛奶，有的人喝得多，有的人喝得少。只有三個人會買牛奶，買的都不一樣，這表示我最喜歡的那種可能很快就會被喝光。更糟的是，我買的那種（半脫脂牛奶）似乎是其他人第二偏愛的。

白喝別人牛奶的情況很常見，但我不想用嚴苛的規則和強迫的手段，免得破壞宿舍裡的氣氛。你會建議我採取什麼方式？——來自牛津的哈肯

親愛的哈肯：

你顯然認為，不會有人自願分攤牛奶錢，而確保大家會守規矩的方法又太麻煩。

這是對經濟學理論的誤解，因為，即使是理性的經濟人，也可能從誠實的行為中獲

益。因此，你必須從實證經驗中尋找行動方案。

我們可以從「貝果男」保羅．費爾曼（Paul Feldman）的經驗得到啟發。保羅是退休的經濟學家，現在經營外送貝果到各辦公室的生意。他採取一套榮譽制度，拿了貝果的人就自己留下該付的錢。

費爾曼仔細記錄下所有顧客的付款率，然後跟《蘋果橘子經濟學》（*Freakonomics*）的作者李維特和杜伯納（Stephen Dubner）分享。

或許你只要在冰箱旁放一個捐款盒，方便你的室友們喝你的牛奶之餘，也貢獻幾分牛奶錢。費爾曼發現，這套系統的付款率是八九％。更棒的是，他發現小公司和他曾工作過的公司，都比較誠實。學生宿舍的狀況大概也類似。

不過要提醒你：在壓力大的時期，誠實比率會下跌，比如聖誕節。所以，大考前請小心看好你的現金盒。

誠實的，臥底經濟學家

下載影片有錯嗎？

——你會在人家店裡順手牽羊嗎？

親愛的臥底經濟學家：我常有機會從網路下載未授權的院線片。因為我目前無法抽空到戲院看電影，下載是我唯一能很快看到電影的機會。

我覺得免費享受別人辛勞的成果是不對的。所以如果要看一部未授權的電影，有沒有什麼辦法，可以讓我在財務上補償一下別人？我家附近有家電影院，所以我或許可以去買一張電影票，但不進去看。或者等到DVD出來，我可以去買，雖然我其實也不想擁有它。

如果我沒法在經濟上把這件事情處理正確，我的良心告訴我，那就不要看！——來自倫敦的伊芳親愛的伊芳：

你當然應該看這些電影！因為看電影能為你帶來好處，而電影公司的邊際成本是零。不過，你對免費享用其他人的時間和心血感到不安，這點我相信你是對的。

這不光是不公平，也對未來的電影拍攝提供了錯誤的誘因；事實上有人懷疑，很多好萊塢票房大片之所以這麼幼稚，就是因為片廠知道，現在很多成人沒時間去看電影了。

但你提出要透過買電影票或DVD來補償，似乎也不對。這會傳送出一個誤導的訊息，讓業者們以為，你真的想去戲院和買DVD。若是如此，建議你可以試著輪流買電影票和DVD，同時多下載幾次海盜版電影，就算你實際上不想看。如果片廠發現了你的行為，他們可能會開始明白你真正想要的是什麼。

這一切的先決條件是：你真的打從心裡很想趕緊看到電影。

但老實說，這點我很懷疑：你會因為趕時間，而在商店裡順手牽羊嗎？

有良心的，臥底經濟學家

拿賞味期限最久的——錯不在你，廠商本來就該彈性定價。

親愛的臥底經濟學家：購買生鮮食品時，我都會找那些有效期限最久的，即使我打算立刻吃掉。於是我常常跳過那些快到期限的，而去挑那些可以保存得更久的。我不買這些貨架壽命最短的商品，增加它們賣不掉的可能性，是不是很浪費？——來自倫敦的安德魯

親愛的安德魯：

我不認為你該受到譴責。其實錯在那些食品零售商，他們的靜態定價模式實在太缺乏想像力。他們提供了不同的商品，卻賣同樣的價錢。你只是挑選比較好的、比較新鮮的那種罷了。

沒錯，如果你打算馬上吃掉這些食物，那麼新鮮產品對你的價值，可能就不如某個打算買了之後會放兩星期才吃的人。相反的，很多人不會檢查賞味期限，因為他們不在乎。如果被他們買到了比較新鮮的產品，而害你買不到，那就太可惜了。

因此，最理想的狀況是：零售商自己去調整產品的價格，以反映食物的新鮮狀態——隨著越接近賞味期限，而逐步微幅降價。像你這種迷戀新鮮食物的人，就會樂於多付一點錢，而學生、退休人士、電腦程式設計師就會去買最便宜的，然後刮掉上頭的黴點。

依照大家對新鮮的偏好來訂出價格，可以達到有效率的分配。超市業者遲早會領悟到這一點的。

新鮮的，臥底經濟學家

當美女犯規，該怎麼辦？

省省吧，別做白日夢了！

親愛的臥底經濟學家：我是籃球協會的裁判。有個很漂亮的女人是其中一隊的球員，美得讓人傾倒，但也很會犯規，老是五次犯滿被換下場。每回五次犯滿畢業後，她幾乎總是走到板凳區，生氣地脫掉背心式球衣，只穿運動胸罩坐著直到球賽結束。這帶給兩名男性裁判很大的效用。問題是，每回吹她犯規都得付出代價——沒有裁判想惹這位美女球員生氣，因為說不定哪天自己會交上好運。而抱著這個微弱希望的兩個裁判，碰到那種不太明顯的犯規都不想抓，都等著另一個裁判吹哨。要是兩個人都老是這麼想，那她就會一直留在場上，球衣也不會脫掉了。我們該怎麼辦？——大衛

親愛的大衛：

如果你們跟這個女人有一絲機會，讓另一個裁判吹她犯規就有好處。你們只要串通

好，輪流吹她犯規就可以了。

經濟學家告訴我們，即使你們有一些利益衝突，當這個狀況一再重複，你們就會利用相互威脅來合作。要是另一個裁判該吹的時候不吹，接下來你就拒絕抓犯規，直到他肯公事公辦。這就叫做「以牙還牙」（tit for tat）策略。

但是，看過你的信後，我相信這是個假設性的狀況。即使你們都不肯再吹這位小姐犯規，也絕對不可能有什麼浪漫機會。那就乾脆盡量吹犯規吧，因為反正情況也不可能更糟糕了。

以牙還牙的，臥底經濟學家

廣告時間

——如果廣告好看又有資訊性，或許值得花時間看，但其實不太可能如此。

親愛的臥底經濟學家：最近我家裡新添了一台數位視訊錄影機，於是我就常利用時間平移（time-shift）的功能看電視。我會在節目播出大約十五分鐘後，才開始收看——這樣碰到廣告時，就可以快速前進。我不看廣告，是不是破壞了跟電視台之間的「規矩」？我會不會錯過了一些對我可能有價值的廣告？——來自英國多塞特（Dorset）的保羅

親愛的保羅：

如果每個人都像你這樣，廣告商就會拒絕播廣告，而電視台就得另闢新的財源了。

但你也不必擔心。如果只有你用時間平移功能，而其他人沒用，就不會造成傷害。而

相反的，如果每個人都用時間平移功能，你不用，不就是傻瓜嗎？

比較中肯的問題是：這些廣告是否值得你花時間看？

如果你的年收入是四萬英鎊，那麼你看十五分鐘的廣告，同樣時間就可以賺五英鎊。這大概就是你時間的機會成本。

如果廣告好看又有資訊性，或許花時間看就值得，但其實不太可能如此。《金融時報》上的廣告可能會提醒你留意某個精緻產品，但主流電視廣告比較可能讓你看到演員拿著冒泡的飲料做做樣子，或是從直升機上拍攝特技演員開汽車在偏遠山區道路上奔馳，看起來很酷。

所以我的建議是，你看幾段廣告，同時記錄一下細節：將看廣告的時間成本，對照你估計能從中獲得的利益。我想你會發現，時間平移功能的確可以幫你節省時間。

移動靈活的，臥底經濟學家

電影裡的暴力——暴力電影，讓美國平均每天減少一七五起攻擊事件。

親愛的臥底經濟學家：我很擔心現在的電影太過暴力，而且覺得審查標準應該更嚴格，剪掉更多暴力的鏡頭。不知道是否有什麼經濟理論支持我的觀點？——來自英國肯特（Kent）的憂心家長

親愛的家長：

我看了一部血腥暴力的電影，導致我去揍人——這就是經濟學上所謂「負面外部性」（negative externality）的標準定義了。

電影院不在乎這一點，除非打架是發生在爆玉米花攤子前。

我也不在乎。只有那個鼻樑被我打斷的可憐傢伙會在乎，但我們不必理會他的感覺。

要處理這個問題，經濟理論所提供的對策不是什麼電影審查制度，而是針對暴力電影課稅。

這個主張，是假設暴力電影會引發更多暴力。但關於這點其實仍有爭議，我知道以前有過一些實驗，當人們觀看暴力影像時，會變得比較暴力。（我不曉得暴力程度要怎麼衡量：或許是幾個心理學家會凶性大發，吃掉他們的寫字板。）

但你可能沒想到的一點是：如果讓你們家附近的惡霸小流氓在戲院看《超越死亡第三集：復仇》（*UltraDeath III: The Revenge*），那麼他們就不會去喝啤酒或打架。經濟學家達爾（Gordon Dahl）和德拉維尼亞證明，當多廳式戲院中有一部暴力電影上映時，當天晚上的犯罪率就會下降，而且維持到次日天亮。但如果放映的是文藝愛情片，那些小流氓就會改去酒館，因而可能會鬧事。根據達爾和德拉維尼亞估計，暴力電影的上映，使得美國平均每天減少一百七十五起攻擊事件。

這表示，如果你打算禁掉這些電影，可能就要找個替代方案，好讓這些暴力分子有別的事情可做。

把餐廳裡的牙籤帶回家

——拿牙籤，不光是剔掉牙縫裡的菜渣，也是在削弱共產主義的意識形態基礎。

親愛的臥底經濟學家：我和經濟學家的朋友們去附近的餐廳時，老是被他們嘲笑。餐廳裡免費提供餐紙和牙籤給顧客。我那些朋友會隨意使用，甚至會帶走一些回去用。我覺得這樣很浪費，不肯隨著他們起舞，但他們的理由似乎更合理——多拿一些又不必花錢，成本已經算在餐費裡了，不拿才是笨蛋。我該如何克服這個難題，讓自己成為效用最大化的消費者？——史都華

親愛的史都華：

很可悲，這種荒謬的定價策略非常普遍。

但你是否注意到，你「坐在餐廳內」的權利，也是連同食物免費提供的？這也就是為

什麼，餐廳會針對那些大幅拉長用餐時間的餐點——前菜、咖啡，或許還有葡萄酒——多收費用。既然你的經濟學家朋友們這麼享受免費的樂趣，你何不試著說服他們吃完後，在餐廳多逗留幾個小時呢？你們還可以用免費牙籤做些小模型來打發時間哩。

其實，你已經認為你的朋友是正確的了。或許比純粹的邏輯更有說服力的一點是：他們帶走衛生紙和牙籤，就是在阻礙共產主義的力量。我隱約記得——但是無法確定——列寧曾舉免費調味料當例子，來說明為什麼有些免費物品無限制供應，是毫無道理的。所以，如果右派分子要證明列寧是錯的，就該把整批調味料都偷走。

你的朋友拿了牙籤，不光是剔掉了牙縫裡的菜渣，也削弱了共產主義的意識形態基礎。你應該支持他們才對。

牙齒潔白無垢的，臥底經濟學家

為什麼 YouTube 免費

——你去研究一下，然後把結論拍成影片，讓我們在 YouTube 上觀賞。

親愛的臥底經濟學家：身為銀髮族，我發現YouTube是個絕佳途徑，可以讓我重溫一些最愛的舊日喜劇節目，如蒙提．派桑六人組（Monty Python）、彼得．庫克（Peter Cook），以及杜德利．摩爾（Dudley Moore）。看這些違反著作權的東西讓我良心不安，但真正讓我困惑的是，為什麼有人要貼上網讓我享受。你能解釋嗎？——O．葛瑞佐斯

親愛的O．葛瑞佐斯：

我同意，這是個難題。擁有一部精緻老喜劇——比方杜德利．摩爾和彼得．庫克主演的 *Derek and Clive Get the Horn*——的人，可以自己欣賞就好，不必費事貼到網路上。在某

些經濟模型中，追求個人利益的理性經濟人，是不會有這類行為的。

更令人困惑的是，網際網路竟然造就出這麼多義務奉獻的社群組織，達成如此多的驚人成就——部落格足以和線上報紙競爭，音樂分享網絡讓唱片業陷入困境，維基百科就更不用說了。

儘管這種行為有重大的經濟與社會意義，但大部分人參與的方式都跟你一樣——當消費者而已。J・K・羅琳（J. K. Rowling）的書在亞馬遜網路書店上吸引了好幾千個評論，但她絕大多數的讀者（超過九九・九％）都懶得去貼評論。

老實說，就算有〇・一％的人在網際網路上無酬奉獻，就整體人口來說，也只是個可以四捨五入掉的零頭，跟完全沒人差不多。而對於熱愛效率的經濟學家而言，去為這種很少有人參與的行為找出解釋，並不是非常有效率的一件事。

所以，我建議你自己去研究吧。然後把你的結論拍成視訊影片，好讓我們在 YouTube 上觀賞。

搭便車的筆友，臥底經濟學家

點菜心理學——第一個點菜的人，會比較開心。

親愛的臥底經濟學家：去餐廳吃飯時，我先生點的菜總是比我點的好吃。但跟他點一樣的又好無聊。我該怎麼辦？——莎拉

親愛的莎拉：

行為經濟學家艾瑞利（Dan Ariely）和勒維夫（Jonathan Levav）推測，我們所有人都像你一樣，會隨著周圍的人改變自己的選擇。而他們也實際檢驗了這個推測。

這兩位學者跟附近一家酒館講好，打扮成酒館的工作人員，提供四種誘人的當地啤酒，讓一群群不疑有他的顧客選擇其中之一，免費試喝。（當時有其中一群顧客認出了艾瑞利教授，還以為他的學術生涯遇上什麼麻煩了。）

有時他們會按照一般方式，輪流請顧客開口點酒；有時他們會請每個顧客各自在一張紙上寫下想喝的那種，不讓別人看到。等到把試喝的樣品啤酒端上來，艾瑞利和勒維夫就觀察顧客有多麼喜歡自己點的。

結果，這些人的反應就跟你的困境一樣。首先，如果是當眾講出自己要喝的，大家都會傾向於避免跟別人挑重複的。第二，誰先選是有差別的：頭一個人點過了，後面的人感覺上就只能挑剩下的，所以第一個人明顯要比後面的人更喜歡自己點的啤酒。（這個實驗是在美國進行的。如果換到香港，後面的人就會傾向於跟第一個人挑一樣的。不過結果一樣，第一個點的人還是會比較開心。）

這個實驗結果的含意很清楚：你心裡要牢牢記住自己想吃什麼，不要因為你丈夫點了什麼而改變心意。如果這樣妳還是嫌太「無聊」，解答就更簡單了：搶先點菜吧。

牌桌上有沒有友情？——你怎知道，他沒有在釣你？

親愛的臥底經濟學家：我常和室友波澤（Bozzer）賭撲克，我老從他那裡贏很多錢。他相信自己輸錢是因為運氣不好；但其實純粹就是他牌技太爛——我很高興用贏來的錢買了新手錶。但我這樣利用他，會不會不太好？——R・卡薩布蘭加

親愛的卡薩布蘭加先生：

除非你是把他的家人押起來當人質，逼他跟你賭，否則，那就是兩個成年人之間你情我願的交易。想必他也知道自己一直在輸錢，雖然他沒聰明到能想出原因。賭撲克很好玩：即使他知道自己牌技不如人而一直輸錢，但他玩的過程中還是覺得很值得。畢竟，去電影院的人也不會在乎自己去看電影得花錢。

這麼一來，你的問題就不存在了。

然而，你似乎想尋求赦免，但這點我沒什麼把握。首先，你要確定波澤是不是對撲克上癮。那些技術性細節我就不談了——姑且這麼說吧，這種人大半都會陷入前面講過的「雙曲線貼現」的狀況（詳見頁116）——但我可以建議一個方法，去對付理性上癮行為。這個方法就是：如果他在沒打牌時，說他想戒掉撲克，那麼你一定要幫他。例如，你們可以各開出一張支票，找第三方保管。要是你們被逮到在一起賭博，第三方就把這些錢捐給慈善機構。

不過我也必須警告你，事情可能不像表面那麼單純。你怎知道波澤不是在放長線、釣大魚？要是有哪天晚上，他說要提高賭注，你可得小心了。

你以為他是條大魚——但搞不好，是他在引你上鉤。

放煙火安全嗎

原則上，你的鄰居可以付錢請你放煙火，也可以付錢請你不要放。

親愛的臥底經濟學家：我偶爾會買煙火來放，產生愉快的正面外部性。可惜有些外行人放煙火，最後釀成悲劇——因此常有人說要禁止私人放煙火。有什麼經濟上有效率的方式，去處理這些負面的外部性呢？——來自挪威的顏斯・福羅利希・侯特

親愛的顏斯：

如果你對這個問題的判斷是正確的，我們就可以得到一個標準解答。根據寇斯定理，在一個交易成本為零的市場中，原則上，你的鄰居可以付錢請你放煙火，也可以付錢請你不要放，要看他們喜歡煙火奇觀，或是害怕受傷而定。

而比較可行的是，我們要找到一個近似寇斯定理的解決方法，那就是：針對放煙火的

外部性課稅（因為帶來風險）或進行補貼（因為帶來效益）。但有關放煙火的正面和負面外部性，我不認為你的判斷是正確的。

除非你是朝馬路放煙火，否則大部分的風險，當然就是由你和旁邊那些決定在近距離觀賞的朋友所承擔。這樣一來，就沒有負面外部性的問題了：因為他們知道有風險，也選擇要承擔。

至於正面外部性，因為遠一些的鄰居不會曉得你要開始放煙火，所以恐怕不會像你以為的那麼享受這個奇景。而且，他們可能會被吵得不高興。

那麼整體算下來，外部性到底如何？

我們應該轉換焦點，鼓勵大家放煙火時更有責任感。如果你放煙火導致一個無辜的人受傷，那你就該負責。適當評估過可能會帶來的損害後，應該會促使你放煙火時採取應有的謹慎了。

去朋友家吃飯，該帶什麼酒

——讓大家感到滿足的是什麼？是喝到好酒，還是高人一等的愉悅？

親愛的臥底經濟學家：受邀到朋友家赴晚宴時，我老是不曉得是否該帶一瓶好葡萄酒。如果我買了一瓶很貴的，可能沒人領情——有可能大家不懂酒，或是根本沒注意到那是我帶去的。但是帶便宜酒就表示我占了他人慷慨的便宜，人家也可能會覺得我很小氣。你有什麼建議？——來自日內瓦的亞歷斯

親愛的亞歷斯：

只要用一點賽局理論，就可以找出最適策略。如果你是和一群懂葡萄酒的朋友常有晚宴聚會，你最好就帶好酒出現。你的大方會得到回報，長期而言是個好策略。

但你得先搞清楚，這些晚宴朋友是否真的懂葡萄酒。不過這也很簡單，先帶瓶好酒，

看他們是否有好評；然後再看看下回他們帶來的酒。如果參加晚宴的人並不固定，或者你的主人不懂葡萄酒，你就可以用便宜的酒矇混過去。簡單說，就是要根據不同的狀況，採取不同的做法。

不過還有更深遠的一點。你得先確定，讓這些晚宴同伴感到滿足的是什麼——是喝到好酒，或是發現自己高人一等的愉悅？跟我同樣在《金融時報》寫專欄的經濟學家約翰・凱（John Kay）就指出，在交換禮物時，大部分人的贏法，都是因為花比別人多的錢，但經濟學家卻是花比其他人都少的錢。

如果你的晚餐同伴都是經濟學家，那麼就可以應用我的分析。否則，身為宴會中唯一有經濟學觀念的客人，你要確定自己帶去的酒比其他人都略遜一籌。這樣大家都會很高興——你省了錢，他們也會因為覺得自己高你一等而很得意。

沒想到吧？向來有「憂鬱的科學」（dismal science）之稱的經濟學，竟然得出如此溫暖人心的結論。

但我們不該覺得意外。很少人明白「憂鬱的科學」一詞，是英國維多利亞時代一名心存種族歧視、贊成蓄奴的時事評論者卡萊爾（Thomas Carlyle）的罵人話，他很氣經濟學家總是堅持平等主義的基本假設。經濟學家傾向於假設每個人都是平等的，而且每個人都有能力自己做決定。

這顯然不見得完全正確，但，其他的假設卻更糟。

所以，無論我們是想知道一個吻的價值，還是想解析擲侏儒比賽的道德觀，都可以在經濟學中找到解答——或是慰藉。

生活經濟學

給詐騙集團的一封信

需要用牙線清潔牙齒嗎？

開車去資源回收處值得嗎？

該不該學抽菸？如果要學，什麼年紀開始抽菸最好？

如果中國想買密西根州，什麼價錢最公道？

這些問題，看起來風馬牛不相及，實際上都有個共同點：經濟學可能會出乎你意料地提出符合人性又睿智的解答。

就拿本單元的倒數第二封信來說吧，裡頭就討論了瓦德佛格（Joel Waldfogel）如今已成經典的研究論文〈聖誕節的無謂損失〉。常有人誤解瓦德佛格的這篇論文，以為文中證明了送禮很浪費，也強化了經濟學家缺乏感情的形象。事實上，這篇論文證明的是：送個有意義的禮物，要比花大錢來得重要——

贏家的詛咒——有時候，撿到便宜未必是好事。

親愛的臥底經濟學家：我買了一棟破舊的房子，雇了幾個專業工匠來整修。我以為最精明的方式，就是找一堆人來估計、報價，從中間挑個最低的就行。結果從水管工到油漆匠，每個工匠都反悔了，想重新跟我談價錢，或者做到一半就不做了。能否給我些建議呢？——來自布里斯托的ＳＭ

親愛的ＳＭ：

實際上，你的策略就是舉行一連串經濟學家所謂的「反向拍賣」（reverse auctions）。也就是說，你不是設法要賣出最高價，而是設法買到最低價。因此，你可以從拍賣理論中找到答案。

拍賣理論家早就認清，當競標者必須估計一件競標物——無論是一件藝術品、一張鑽井開採石油的執照，或是重新幫你的房子裝設電線的工作——的價值時，拍賣過程就能有系統地挑選出最適估價。

即使大部分競標者都做出精確謹慎的估價，總還是會有些人估計錯誤——而其中一個當然就會競標成功。得標的贏家最後反而傾向於失望的現象，就是所謂「贏家的詛咒」＊。

如果你是賣家，可能會很高興有個競標者犯錯，而意外地出價太高。畢竟，你只需要確保他會付錢給你就行。但如果是反向拍賣，你就很難保證一個失望的贏家會提供他所承諾的服務。

如果得標的電工發現，他出的價錢根本不划算，你就很難逼他遵守原來的估價。這類不愉快的談判在採購事務中經常發生，早就有過太多前例。所以你的狀況並非獨一無二。

未來你應該要做的，是確保這些包商遵守報價，而且為了確定他們不會中途開溜，一定要扣住一些保留款，等到完工後再付清。但除非你自己是個熟練的工匠，否則日後你可能還會陸續發現有些地方沒整修好。我的建議是，把贏家的詛咒轉為你的優勢。何不等整修完畢後，辦個拍賣會，把房子給賣掉？

＊贏家的詛咒（winner's curse）：贏家的詛咒是指在商品、土地等拍賣中出價過高，或用高於市價的價格去購併目標公司，從而應得的收益會低於正常收益，甚至為負，面對不必要的風險。

要不要延長保固期？

——不要。我們唯一該保的，是真正無法負擔的損失。

親愛的臥底經濟學家：對於加購延長保固期這件事，我和我太太向來就意見不同。她說那是浪費錢，我說最好花錢買安心，免得後悔。這種事應該是見仁見智吧？——來自英國陶頓（Taunton）的RA

親愛的RA：

不用說，你太太相當正確。

任何保險都應該是最終手段。大部分人都會規避風險，這表示他們願意花錢來避免風險增加。如果你有一百萬元，有人提議要讓你丟銅板，正面就加倍給錢、反面就全部沒收，那麼你正確的做法就是拒絕，因為對你來說，第一個一百萬元遠比第二個有價值。

但大部分保險都不屬於這類。你這一輩子會賺到好幾百萬、甚至幾千萬元。偶爾損失幾百英鎊並不嚴重，所以除非條件非常合理，否則任何人都不該接受這種金額的保險。

大部分人都不明白，我們唯一該投保的項目就是：**預防真正無法負擔的損失**，比方說，巨額的法律或醫療費用，或是眼睜睜看著自己的房子燒掉。我們會對小風險感到緊張，但其實如果把保費拿去存在銀行戶頭裡，幾乎可以保證，長期下來會比較划算。

保險公司很想利用我們的不理性占便宜，但由於有競爭的壓力，訂出的保費至少會有某種的公平性。所以，無恥的保險公司賺我們錢的理想方式，就是在我們剛買一樣商品後，突然意外提出一個與商品相關的保險方案，這樣一來就不必遭遇競爭了。

加購延長保固期就是如此。如果你在英國買一台洗衣機，五年保固期大概會讓你多花一百五十英鎊。但其實，一台洗衣機的修理成本大概是五十五英鎊，而五年內壞掉的機率不到兩成，因此合理的保險價格是大約十英鎊而已。何況，有時候你的房屋保險很可能就已經涵蓋這類範圍了。

把這一百五十鎊改存到銀行吧。我建議存進你太太的戶頭：碰到複雜的金融問題，你顯然是很不擅長的。

排隊經濟學——建議你避開手上拿著折價券的老太太。

親愛的臥底經濟學家：在超級市場裡，該如何選擇排得最短的結帳隊伍？——來自英國艾爾斯布里（Aylesbury）的PN

親愛的PN：

數學家會認為，機率對你不利。因為如果共有三排，而你隨便選一排，兩邊都各有另一排，那麼其他兩排會更快的機率是三分之二。

經濟學家的觀點則比較複雜。例如大衛．傅利曼（David Friedman）就主張，要用金融市場理論來看這個問題。選擇正確的隊伍，就像選擇正確的股票投資組合一樣：如果大家都看好某些股票的價值，那它們就不再有好價值了。同樣的道理，如果大家公認哪排的結帳隊伍最快，那麼每個人都會去排，想要「戰勝市場」的企圖就會失敗。

另外，還有「效率市場」理論——理論上，任何股票組合都一樣，不會有哪個比較好，因為公開資訊立刻就會反映在股價上。但在真實世界裡，大部分市場都沒有效率，因此情報靈通的決策者就有可能戰勝市場。即使超市的結帳隊伍都很有效率，也沒有哪一排特別好，因為任何一排如果比較快，內行的超市消費者立刻就會加入。

但更可能的現實情況是：這些超市隊伍是沒有效率的，因為，就算你是內行的排隊專家，也實在沒有什麼利益可言。而且有些人有各種各樣的盤算，比方說，盡量少走一點路；那些很少上超市的人，也會認為不值得費事去算計這些。

而且在股票市場裡，一個投資大戶可能比較有效率，因為他的份量勝過眾多小散戶的愚蠢決定；但超市裡就不同了，一個排隊專家對各列隊伍排隊時間的影響很有限。

因此我只能建議你：避開那些拿著折價券的老太太，其他的講出來就沒用了。因為你有太多對手會看到這篇文章。

開車老愛講手機

——政府應該對愛講話的駕駛人課稅，然後把這些錢拿來買救護車。

親愛的臥底經濟學家：我發現開車時講手機好方便，我真的不能再這樣嗎？——艾瑞卡．塔柏特

親愛的塔柏特女士：

看你的口氣很急躁，顯示你認為法律並不適用在你身上，那麼我們就來談談法律之外的問題吧。

開車講手機的車禍發生率，是一般人的四倍以上。在英國，每年車禍的死亡人數是三千人，而肇事原因中，講手機占二%——去年大約有六十個人因此身亡。

法律並未禁止開車，因為開車有其利益。開車時講手機，當然也有利益。因此，要得

到更周全的觀點，就得拿這些利益，和背後殘酷的代價來比較。

美國位於華府的智庫「美國企業協會—布魯金斯規範研究聯合中心」（AEI-Brookings Joint Center for Regulatory Studies）經常發表這類分析。相關報告曾估計，開車講手機的成本——就其損失及傷亡人數而言——大約是每個美國公民要負擔十五美元。但這篇報告也估計，為了能在開車時講手機，一般公民願意付出大約六十五美元的代價（這個估計一部分是來自手機帳單）。

這一切都顯示，除了立法禁止打手機，還有其他更便宜的方式可以降低死亡人數——比方說，對愛講話的駕駛人課稅，然後把這些錢花在救護車上。

至於你個人，我認為只要利用免持聽筒裝置、不重要的電話稍後再講，花這些小小的低成本，就可以挽救生命。

整體而言，你只要想想：你是否樂於享受一己私利，而不在乎害別人必須付出代價？這樣可能在經濟上有效率，但也是自私而野蠻的。

給詐騙集團的一封信

——要是我接受了你的條件，感覺上好像在騙你的錢。

親愛的臥底經濟學家：我是奈及利亞最有權勢家庭之一的密友。這一家的主人曾在奈及利亞之前的軍人政府擔任高官，與現在的當權政府處於對峙狀態；他的夫人想把一千五百萬美元轉出非洲，同時希望盡可能避人耳目，祕密處理。如果你同意代表這位夫人管理資金，請告訴我銀行帳戶的詳細資料，我會安排匯出總額一千五百萬美元。你的佣金除了總額一成五的頭款之外，還外加前五年你管理投資所得的稅後收益五％。上帝保佑，靜候佳音。——柏納德．尼瓦佐吉

親愛的尼瓦佐吉先生：

你差點就要鑄成大錯了。

你提議要給我兩百萬美元前金，外加往後五年有每年幾十萬的後謝。而你唯一要我拿

出來交換的，就是我的銀行帳戶詳細資料。這樣的條件，實在太大方了。在我的國家裡，大概有五千萬人有銀行帳戶，他們都可能會願意以低很多的條件與你合作，你實在應該再多打聽一下的。

你要知道，非合作賽局和合作賽局理論模型都顯示，雖然有銀行帳戶的人多到數不清，但需要存的一千五百萬美元卻只有一筆，所以，你的談判權可說是近乎無限大。建議你，舉行一個網路拍賣會，找出願意以最低佣金接受這筆現金的人；至少，引出幾個人來競爭出價。

否則，要是我接受了你的條件，感覺上好像在騙你的錢。

上帝保佑，臥底經濟學家

萬聖節糖果——老實說，無論你給不給糖，都不會造成任何差別。

親愛的臥底經濟學家：萬聖節快到了，我很擔心附近小孩來敲我家的門。慣例上討糖果會說「不給就搗蛋」，其中隱含的談判非常清楚：如果我拒絕給他們糖果，就會有人在我信箱裡塞狗大便，或諸如此類的。我該如何回應這種勒索？——來自英格蘭薩里（Surrey）的維克特．哈靈頓

親愛的維克特：

嚴格來說，這是敲詐，而不是勒索。但你分析中最大的缺失還不是這個。你的錯誤在於，你沒發現你所謂的「談判」，是來自於不可信的威脅。

你得先想想，這個賽局的最後一個階段，就是附近的小鬼決定是否要修理你。如果他

們惡劣到去費那麼多事收集狗糞，那麼不管你是否給糖，他們都會搗蛋。但更可能的是：他們才懶得費這個事。無論如何，你先前不管怎麼決定，都不影響他們的策略或報復。換句話說，無論你給不給糖，都不會造成任何差別。對他們來說，比較明智的做法是散播謠言，說你這小氣鄰居會有悲慘的下場，而不會真的照著謠言去搗蛋。

當然，如果那些小鬼能說到做到，讓他們的威脅變得可信，那就另當別論了。這麼一來，你會曉得給糖可以讓你平安無事，否則就一定會遭到懲罰。

下回面臨威脅時，如果你想知道下場如何，最重要的一點就是：去想想這類威脅是否可信。

反正，這些小鬼都住你家附近，如果有人沒戴著萬聖節面具，你認得出他們的臉，就比較能判斷他們是否說話算話了。

你常倒車入庫嗎？

依據經濟學，這種人很傻，不懂得先甜後苦。

親愛的臥底經濟學家：有件事我跟我先生辯論很久了。他老是倒車開進停車位。我比較喜歡往前開進去，離開時再倒車出來。誰是對的？——來自英格蘭塞潤斯特（Cirencester）的梅蒂．法蘭區

親愛的梅蒂：

你的問題很棘手。首先，開車往前想必比倒車容易。你先生因此把滿足感延後，而你則將困難延後。這一點主流經濟理論表明得很清楚：你的先生很傻。應該延後的是痛苦，而非愉悅，只因為我們都是凡人。

但我們必須更深入分析。如果你只停一小時，就算倒進去和倒出來的難易度只差一點

點，把困難延後所得到的任何利益，都會被輕易蓋掉。比方說，如果倒車出來只比倒車進去難〇．一％，那麼你就該倒車進去。要是你比較喜歡把痛苦往後延一小時，別忘了每小時〇．一％的複利是極高的年利率：大約年利率三三三三三三％。往前開入停車、離開時才倒車出來，顯示你要不是沒耐心到發瘋的地步，就是超級不會預測短期內的未來。

另外還要考慮一點：你得取捨是要在確定的狀況下倒車進去，還是不確定的狀況下倒車出來。你不曉得一小時之後狀況會是什麼樣，有可能停車場裡很擠，也有可能到時候你要趕時間。如果在不利狀況下必須倒車出來，風險雖低，但衝擊很大。我的建議是，做好隨時要離開的準備——停在大賣場停車場的車子，處境是很難預測的。

準備好快速離開的，臥底經濟學家

搬到鄉下住，好嗎？

別鬧了，一個充滿肥料和殺蟲劑的菜園，有比較環保嗎？

親愛的臥底經濟學家：我很擔心人類對地球造成的破壞，想盡一己之力，減少個人對環境的衝擊。我在考慮要搬到鄉下，過著比較自給自足的生活。但還有沒有更好的辦法呢？——來自倫敦的喬瑟琳．海舍威

親愛的喬瑟琳：

你倒是應該問自己，是不是有更糟糕的辦法。

表面上，倫敦看起來不太像是永續發展的模範，但其實，倫敦是個頗注重環保的生態城市，若是其他七百萬居民都自私地決定要搬到鄉下，那才會更糟。

其實住在像倫敦這麼擁擠、富庶的城市，就能輕鬆享受到最環保的現代生活。富有的

人會擠在昂貴的公寓裡；雞尾酒吧和時髦西裝，也遠比一個充滿肥料和殺蟲劑的廣闊菜園更有綠色概念。

此外，城市的人口較稠密，也意味著交通運輸更有效率。我們來比較一下倫敦和面積廣大的亞特蘭大這兩個城市的通勤模式吧。即使是以前倫敦還沒收進城費的時候，也只有一〇%的通勤者開車進入市中心；而在亞特蘭大，有九〇%的人士開車通勤，其中四分之三是獨自一人開車的。

《紐約客》（*New Yorker*）雜誌說，最稠密且最富庶的曼哈頓是「理想的環保社區」，而且紐約平均每人的節能效率，遠勝於美國其他地方。不必吃廉價的扁豆或過得像貧民，就能做到這一切。

我的建議是，拋開「要搬到鄉下」這種自我中心的想法吧。然後在你的公寓裡裝上雙層玻璃，騎腳踏車去上班，並為自己住在全世界最綠色的城市之一而偷笑就好。

環保的，臥底經濟學家

賄賂有效嗎？

——賄賂只會把水準往下拉，而不是往上提。

親愛的臥底經濟學家：我常拜讀你的專欄，發現最近有些題材太弱了。如果你正缺乏有趣的問題，那麼要花錢收買你登出無聊題材的價格應該下跌了。目前的價錢是多少？——保羅．培利，電子郵件

親愛的培利先生：

你的見解實在太有意思了，所以我決定免費幫你把來函登出來。如果你的來函中有任何洞見，我想我會付錢收買，請你再多寄幾封。可惜，並沒有。

如果沒人花錢收買我登出來函，我就只能從收到的讀者來函中，挑出最好看的。所以，收買應該只會把來函的水準往下拉，而不是往上提。如果你發現最近登出的來函很無

趣，或許那才是因為很多人都收買了我。

另外也請務必別忘記，如果來函更多，造成《金融時報》的版面更擠，收買我的價錢就會上漲。這要安排起來也容易：捏造假來函，以製造出更多投稿者的假象以哄抬價格，對我是有利的。

你來函中的見解，還有一個更大的漏洞：就算我想拿到很大筆的收買金額，其實也是非常困難的。經濟學家都知道，公共生活的腐化不光是犯罪性格的問題，而是機會的問題。經濟學家克里加德（Robert Kligaard）曾針對賄賂提出過一個著名的公式：

貪腐＝獨占＋裁量權－責任

克里加德的公式顯然預言了，我寫「親愛的經濟學家」專欄是非常誠實無私的。我承認，如果有人賄賂我，我的確有挑選無聊讀者來函的裁量權。但我的獨占力量卻極為有限：《金融時報》的主編們是連自己的祖母都肯賣掉的，所以要是有人提出誘人的賄賂，他們一定會中途殺出來搶走。

侏儒、妓女與血汗工廠

——提升教育與生產力，讓他們有更多選擇吧。

親愛的臥底經濟學家：對於「擲侏儒」遊戲——幾個大塊頭男人比賽，看誰能把個子很小的人丟得最遠——的道德性，我女友跟我的觀點正好相反。她說，那些侏儒是被迫去做這種工作，因為他們能選擇的職業很有限，就像妓女一樣。但我認為這些人去當被擲的侏儒，是清醒、自由的決定，也因此得到了報酬。能不能幫忙評評理？——來自加州史丹佛（Stanford）的J・程

親愛的程先生：

我承認，被擲的侏儒和妓女這兩者之間有類似之處，但實在難以想像解釋這件事情能解決你們的爭執。沒錯，如果有選擇的話，妓女和被擲的侏儒，都會比較想當電影明星。

但，那又怎樣？

倒是另一個比較，可能會讓你覺得有啟發性：看看開發中國家那些血汗工廠的工人，努力製造便宜商品以供我們享用。

這三種人的處境，都會讓敏感的讀者感到心裡不舒服。但在三種人當中，如果我們夠尊重做這些可憐工作的人，就應該看得出，他們可能是在有限的選項中，挑了最好的工作。換言之，禁止血汗工廠的工人或妓女，在道德上很好聽，卻會損害那些本來是受害者的利益。至於禁止擲侏儒，我就沒把握該說什麼了。但你對擲侏儒的觀點似乎很冷靜，這點令我感到不太舒服。

總之，正確的做法，應該是改善他們的「其他選擇」。當生產力和教育水準提升時，血汗工廠裡的工人，便比較容易有更多其他選擇。至於擲侏儒比賽要怎麼努力，才能增進小個子人士的選擇，這點我就不清楚了；或許你和女友可以放棄爭執，轉而找出一些務實可行的解答？

資源回收

——如果你得特地開車到回收站跑一趟，你就會使用更多能源、甚至造成塞車，反而不環保。

親愛的臥底經濟學家：我們這裡的地方政府不負責回收厚紙板和塑膠製品，想必是因為經濟的原因。但是在家裡，我們覺得做這些垃圾分類、同時每個週末送到本地的回收中心去處理，是一種道德責任。如果沒有統一回收的系統，是否表示我們的個人努力會危害地球環境？——來自西倫敦的譚如煙

親愛的如煙：

政府會做很多經濟上很浪費的事情，卻忽略一些經濟上有效率的事情。所以你不必跟著當地政府的政策照做。

事實上，即使不考慮環境保護的優點，資源回收有時在財務上也是可行的：二十多年

來，很多公司都從回收辦公室紙類、鋁製品、鋼製品中獲利。但這類回收計畫所享有的規模經濟，卻是你所沒有的。

至於你自行做垃圾分類與運送，可悲的（或令人寬心的）事實是：家庭資源回收的經濟效益很微薄。如果你每天走路搭地鐵的途中，都會經過塑膠回收站，那當然很好；但如果你得特地開車到回收站跑一趟，你就會使用能源、造成塞車，同時消耗掉珍貴的石化燃料。你跑這麼一趟的環境利益，淨值就會很低，說不定還是負的。

至於經濟利益就更低了。**最大的成本，就是你的時間**。不要低估了這項價值，如果你從分類自家垃圾中獲得快感，那就別管我說什麼；但一般人可不會認為垃圾分類是一件啟發人心的工作。別忘了，數十年來（甚至是數百年來）大部分貨物的價格都在下降，只有一個明顯的例外：人工的價格。

襪子總是剩一隻，怎麼辦？

——一口氣買兩打一模一樣的襪子就成了。

親愛的臥底經濟學家：我有個抽屜裝滿了不成雙的襪子。搞丟的襪子都跑到哪兒去了呢？——來自美國華盛頓特區的克里斯臣．特納

親愛的特納先生：

就像大部分有形資本的投資，你襪子的供給會隨著時間而折舊。折舊是常有的事情，我建議你，應該設法將損失降到最低，而不是去尋找搞丟的襪子。

問題的癥結很簡單：每雙獨特襪子的其中之一，都是另一隻的完全互補品。除非你喜歡穿奇裝異服，否則，第一隻襪子的邊際價值接近零，第二隻襪子的邊際價值則是一雙成對的襪子。所以搞丟一隻襪子的結果，其實就等於損失了兩隻襪子。

機器也會碰到這樣的問題：一個零件壞掉，整部機器可能就得報廢了。解決的方式，就是製作出可替換的零件，只要把壞掉的零件換掉就好。這種可替換性至少早在一四五〇年代的古騰堡和印刷機便已出現，但其中有種種難以克服的技術性問題，因而直到二十世紀初的生產裝配線，這類零件才普及化。經過好幾世紀的奮鬥，工程師們終於獲得經濟上的報酬。

不過，你倒是不必等待什麼歷盡艱辛的技術突破。要為你的襪子找到可替換的零件，應該是毫無困難的。你只需要：丟掉你抽屜裡那些落單的存貨，然後出去一口氣買兩打一模一樣的襪子。

我自己發現，這個方法運作得好極了。你在衣服搭配彈性上的損失，可以從襪子折舊率的降低獲得補償，而且，每天早上翻找襪子的效率也會提高。當然，你的襪子還是會神祕地消失，但你不必再針對這個現象，來問我什麼深奧難解的問題了。

牙線經濟學——人到了七十五歲，定期看牙醫的人，會比沒定期看牙醫的多不到五顆牙。

親愛的臥底經濟學家：我的牙醫叫我應該使用牙線，但你覺得呢？——來自美國維吉尼亞的威廉．韓德森

親愛的威廉：

你可能是記錯了凱因斯（John Maynard Keynes）的那段名言，他曾期許經濟學家應該立志被視為「平凡又稱職的人，就像牙醫的地位一樣」。

我想，凱因斯的意思並不是經濟學家應該去當牙醫。不過對你來說，很幸運的是，喬治梅森大學的經濟學家卡普蘭（Bryan Caplan）有不同的見解。

就像你的牙醫，卡普蘭教授的牙醫會用模糊的用語，迅速說出使用牙線的種種好處。

這些好處無疑是真的，但這些好處是否超過所必須花費的成本——無趣、不舒服，又不體面——呢？你可以把你自己一生使用牙線的成本量化，同時要求你的牙醫，也把種種好處估出一個數字來。

卡普蘭教授的牙醫似乎不明白這個問題，所以卡普蘭只好轉向科學期刊《自然》（*Nature*）尋求啟發。

結果他發現，牙科醫學可能不像凱因斯以為的那麼有用：如果你定期去看牙醫，到了七十五歲時（假設你能活那麼久），可能比沒定期看牙醫的人，多不到五顆牙齒。對於一輩子常被鑽牙洗牙的人來說，這個報酬似乎不大，而且好遙遠。

當然，別以為我會提供你什麼醫學建議。卡普蘭和我一樣，都對牙科醫學一竅不通。但我相信，如果經濟學家努力去了解牙齒健康和衛生，牙醫師就應該配合我們，完成這份成本效益分析。

你可能會覺得我離題了，但是使用牙線，的確有助於製造出宜於接吻的口氣。或許大部分經濟學家認為，口臭不是我們最該擔心的問題。

為什麼裝潢工人總愛遲到

如果他立刻趕來，你就多給他二十英鎊。

親愛的臥底經濟學家：有沒有經濟法則可以解釋，為什麼裝潢工人跟屋主約好時間，卻老是姍姍來遲？如果他們告訴你「九點到十二點之間」，就絕對不會在九點到，而且通常都還會拖到一點以後才到。——來自倫敦的安迪．墨菲特

親愛的安迪：

在沒有獲得更多資料前，我可能無法接受你的理論。

我剛搬家，過去兩天約了四批工匠或送貨員。他們全都在約定時段的第一個小時之內就來了，其中一個還提早到了。我們總傾向於忘記這些快樂的時刻，只記得失望的事情。

不過，我倒是想談談你說的這套理論。因為我也同意，裝潢工人常常會錯過他們承諾

的時段。原因很簡單：他們遵守時間約定的誘因太小了。

你雇這類工人來家裡，大部分都只會找一次。之前你從來沒見過他們，以後也不會再見到；而且你很可能是因為客廳天花板剛剛塌下來，於是趕緊從電話簿上隨便挑一個。如果他們的生意大部分都得靠你這類陌生人，幹嘛要費事建立商譽？那些你比較常打交道的工人，就比較可能守時了。

如果你想解決這個問題，必要的誘因機制也非常簡單。你需要在早上九點鐘，就打電話給約好要來的工匠，告訴他們：如果他停下手上的工作，立刻趕來的話，你就多付他二十英鎊。

要是馬上趕來的人很多，那或許就可以解釋，為什麼你老是得等到午餐之後了。

怎樣下決心減肥？

意志力跟其他東西一樣，都是稀有資源，無法超額使用。

親愛的臥底經濟學家：我前陣子過生日時許了幾個願望：減肥、閱讀比較嚴肅的小說、存錢、戒菸。到目前為止，戒菸還算順利，但我已經胖了三磅。我是不是一次許太多願望了呢？——來自倫敦帕森斯綠地（Parson's Green）的麗貝卡．佛尼斯

親愛的麗貝卡：

有三位密西根大學經濟學家寫了一篇有趣的論文，主張意志力跟其他東西一樣，都是稀有資源。**你的意志力無法超額使用，就如同你口袋空空時，無法去酒吧買酒喝一樣。**

這個觀點是有道理的：經濟心理學家已經發現，如果一個人稍早曾經抗拒過一些誘惑，那麼當面對美味的巧克力棒時，他就比較可能做出衝動的決定。就像我們很多人在辛

勞工作一天後，都會屈服而給自己「犒賞」。

看來，戒除菸癮已經耗掉你精神上的資源，使得你除了丹．布朗（Dan Brown）的小說之外，什麼書都看不下去。更糟的是，要是你加倍努力去讀喬伊斯（James Joyce）的經典作品，就可能得破戒去抽菸了，這麼一來，你雖然會變得比較有文化教養，卻也有更短命的危險。

解決的辦法很簡單。

第一，隨時只要可能，就把艱難的決定外包。例如在銀行設定一個自動存款帳戶，剪掉你的信用卡，這樣你就不必自己抗拒花太多錢的誘惑；或者，你可以上網買食物，這樣你就不必經過冰淇淋店，耗費你寶貴的克制力；如果你想伸手去拿香菸，就運用你所有的意志力，改去開冰箱或拿電視遙控器吧。

定價的尾數

定價越怪、越不方便，收銀員就越不能搞鬼。

親愛的臥底經濟學家：我注意到你的新書《親愛的臥底經濟學家》英國版的定價是一七．九九英鎊。你在書中談到經濟行為底下的理性和計算。若是如此，為什麼有這麼多價格的尾數是九毛九？消費者真會以為一七．九九英鎊是十七英鎊嗎？——丹妮葉拉．艾克，電子郵件

親愛的丹妮葉拉：

羅徹斯特大學的經濟學家藍思博（Steven Landsburg），曾提出一個比較可能的解釋，說當初**設計出這樣的價格，並不是要利用消費者的無能，而是要防止舞弊。**

很多書店都會遭受某種程度的順手牽羊，尤其是像我的書這麼有誘惑力的產品。而從

順手牽羊中受惠最多的，就是監守自盜的書店店員。

如果書籍——或是任何產品——的定價是十英鎊、十五英鎊、二十英鎊這類整數，那麼消費者結帳時，就常常會拿出剛好的金額。這麼一來，店員很輕易就可以不敲收銀機，將書款納入自己的口袋。

帳面上看起來，這本書是被顧客偷走的；而且，這種A錢法要比偷了一本《追憶似水年華》或《親愛的臥底經濟學家》，再去設法銷贓要來得有吸引力太多。所有理性的順手牽羊者，其實都該去商店裡打工。

總之，定價越奇怪、越不便，這些收銀員從中搞鬼中飽私囊的狀況就越不可能發生。顧客付錢後會等著找零，而且如果看到店員伸手到自己口袋掏零錢，顧客就可能會質疑。

如果這個理論是真的，那麼，在老闆自己顧店的書店裡，書價就不該有九毛九的尾數。網路書店也一樣，因為不可能有順手牽羊的行為。

可是我發現，我的書在亞馬遜網路書店的尾數不是九毛九，而是七毛八。

一個吻值四十九英鎊？

——我可以寫一張「我欠你一個吻」的借據，但我可能不會履行這個承諾。

親愛的臥底經濟學家：針對「錢是萬惡根源」這句話，經濟學家要如何回應？——麥克．崔，電子郵件

親愛的麥克：

經濟學家似乎總是在談錢，但其實真正涉及金錢的經濟模型卻很少。經濟學家會說出「一個吻價值四十九英鎊」這類奇怪的句子，並不是因為他們認為金錢特別重要，而是因為這是一種衡量一件事物價值很好的方法。如果一顆糖衣蘋果值七英鎊，那麼一個吻就等於七顆糖衣蘋果；然而，如果一顆糖衣蘋果賣六英鎊、而親吻賣五十英鎊，那麼買糖衣蘋果就比較划算。

總之，為什麼我們會用錢，而不是用糖衣蘋果這類物品當成交換的媒介？一個理由是糖衣蘋果的價格可能會大幅波動，這表示儘管我們原則上可以簽一份以糖衣蘋果為計價單位的合約，卻很難確信這份合約的真正意義。古代的合約有時會以鹽為計價單位，因為鹽的價格很穩定。但現在這個時代，英鎊就比鹽更穩定了。

另外還有一種解釋是：金錢，是一種顯示一個人是否可靠的工具。我可以寫一張借據，說「我欠你一個吻」，但我不見得會履行這個承諾，你也不能拿這張借據去償付別的東西。但如果我給你四十九英鎊，這個承諾就是出自英國財政部了，當然比較可靠。

簡單說，我們需要錢，是因為我們就是不信賴彼此。以經濟學家清滝信宏和約翰・摩爾（John Moore）的話來說，「邪惡，是所有金錢的根源。」

怕遲到，把手錶撥快五分鐘

——這意味著，你身體裡住著兩個理性的經濟人，兩者彼此鬥智。

親愛的臥底經濟學家：我習慣把錶撥快五分鐘。這可以欺騙自己，讓我避免在開會或趕火車時遲到三分鐘——好吧，有時還是沒用——而是早到兩分鐘。但如果我是個理性的經濟人，怎麼可能如此愚弄自己呢？——來自牛津的馬克

親愛的馬克：

這真是個大問題。碰到怪異的經濟行為，經濟學家常用來解釋的模型是：一個身體裡住著兩個理性的經濟人，兩者彼此鬥智。

就你的例子來說，其中一個經濟人（老是遲到的那個）認為，多喝一口咖啡所得到的立即滿足感，遠高於準時搭上火車；但你身體裡另一個比較想守時的經濟人並不同意。

你對時間的看法，似乎有某種僵固性。所謂的僵固性，是零售價格的特色之一，因為零售商通常會先自行吸收某種程度的通貨膨脹，而不會隨時花錢重新標示價格和印製商品目錄。總之，他們會等到物價上漲到某個程度——例如通貨膨脹達到五%或一〇%——花錢重新印製才划得來。

你那個愛遲到的自我，顯然也承擔了類似的固定成本，就是在看錶時心裡會把撥快的時間扣掉。假設你的錶撥快了四十七分鐘，那麼你每次看錶，就得承擔這個心算的固定代價，因為凡事早四十七分鐘，代價比每次都要心算一下來得高。但如果只撥快五分鐘，就像物價上漲一%，是比較可以忍受的。

結論就是：你有分裂人格，對時間有扭曲的觀點，而且連加法都懶得算。現在，快放下這本書，我懷疑你又要遲到了。

準時的，臥底經濟學家

施捨的對象

——就像最絕望的乞丐，騙子總有辦法說出感人落淚的故事。

親愛的臥底經濟學家：我有個問題要請教。你手上有一塊麵包，但是肚子很飽了，所以可以把麵包給其他人。現在你面前有十個人等著你施捨，你只能對他們說一句話，而且得從這句話中查出誰最餓。你會說什麼？——明賢，電子郵件

親愛的明賢：

這個難題很有趣，但其實，要是我眼前有十個人吵著要我手上的麵包，我會趕緊跑得遠遠的。這或許是詭辯，但對於你的問題，我有更嚴肅的意見。

或許你認為，經濟學和邏輯的腦力遊戲之間沒什麼差別，但在你提出的這個案例中，兩者卻是天差地別。

經濟學的基本主張之一就是：說話是很廉價的。這十個人對我說的話，不可能傳達任何訊息。騙子總是有辦法說出感人落淚的故事，就像最絕望的乞丐一樣。

因此，一個可能的辦法是，我可以針對這十個人做背景調查。然而無論從哪方面來說，這麼做都太昂貴也太累人了。

另一個辦法比較細緻，就是那些想拿麵包的人得做一件事，是吃飽喝足的騙子所不願意去做的。比方說，我可以要求，想拿到麵包的人得先在泥水窪裡打個滾。但是，這就像很多測驗一樣，也是白費力氣。

既然如此，我所提出的要求，最好也同時有社會生產力，這樣我的麵包就可以讓他們去做些有用的工作。所以，我會說的一句話就是：「快去找工作吧！」

不慈悲的，臥底經濟學家

洗車經濟學——道理，就跟你為什麼要刷牙一樣。

親愛的臥底經濟學家：我為什麼要洗車呢？反正明天又會髒了！——來自英國罕布郡（Hampshire）的克里斯．史密斯

親愛的克里斯：

那你又為什麼要刷牙呢？明天也還是會髒啊。這類論辯，可能會吸引某些生性憂鬱的哲學家，但經濟學家會提供更明確的建議。就像洗車，你不可能讓車子永遠保持乾淨，所以一定要在洗車的成本和太髒的成本中，找到一個平衡點。

想想一個類似的問題：你錢包裡，應該放多少錢才夠？太多錢，會被偷或因通貨膨脹而吃虧；太少錢，就沒必要用那個錢包了。通常由於提領現金很麻煩，所以理性的消費者

每次會領出比理想數額高的金額，然後一路逐漸花掉，等到低於理想數額時再補足。因此，他們手上持有現金的曲線圖，看起來就像一排鋸齒——隨著時間過去，會規律地垂直升起，然後成斜線下降。現在到處都有提款機，要提領現金很方便，所以我們會更常去提錢，持有現金的數額也會接近最適狀態，鋸齒就會變得很小。

這個鋸齒模型，可以應用得更廣泛。比方說，它可以解釋為什麼你（跟很多人一樣）應該把頭髮剪得更短，因為隨著頭髮變長，平均長度才會更接近應有的長度。

至於你的車子，你得找出一種洗車的方式，好讓它比你心目中理想的乾淨狀態更乾淨。這一點應該不難，你可以把車子送去做全套的洗車、打蠟、內裝美容。

這麼一來，你的車子就會乾淨得很不像話，然後接下來一兩個星期，你就得更耐心地等它變髒了。

抽菸好，還是短命好？

——如果你到六十歲還在抽菸，人家就會假設你很可悲，因為你戒不掉。

親愛的臥底經濟學家：我覺得抽菸很酷；菸槍似乎從中得到很大的樂趣。但我又不希望抽菸嚴重削減我的壽命。所以我該在哪個年紀開始抽菸，以便得到充分的樂趣，讓我減少一些壽命也值得呢？——來自倫敦的彼得

親愛的彼得：

你點出了「抽菸有利益也有成本」是正確的，這顯示，抽菸可能是完全理性的行為。同時你也暗示了自己知道抽菸會成癮，因為你的香菸消費計畫似乎開始後就不會結束。

但是，你這個消費計畫可能很難安排出理想的時間。原因之一是，有些證據顯示，如果你年輕時開始抽菸，然後在死於心臟病發前戒掉，你心臟疾病的風險就會大減。（不過

別問我罹患癌症的風險。我是經濟學家，不是流行病學家。）

除了醫學面的問題之外，還有社會面的問題。如果你二十歲，完全不顧風險開始抽菸，你還可以看起來很跩、很大膽，外加一點點性感。但如果被人看到你六十歲還在抽菸，他們不會去管你是在什麼時候染上這個習慣，他們只會假設：**你一定很可悲，就是戒不掉香菸**。

因此，我認為香菸的最適消費途徑是這樣的：要嘛，永遠不要開始；要嘛，趁年輕時開始、但很快戒掉。要選哪條路的取決關鍵之一，就是你對自己意志力的評估。這點事先很難猜，或許你該告訴你的醫師，說你打算開始抽菸，然後問問他該怎麼戒掉。至少，你可以引起他的注意。

記住：千萬別酒駕！

絕大部分酒駕的致命車禍，會造成飲酒駕駛人和乘客死亡。

親愛的臥底經濟學家：今年聖誕節和新年假期，我預料會在路上碰到很多喝醉酒的人。事實上，我很可能也會是其中之一。我應該有罪惡感嗎？另外，我該擔心嗎？

——來自倫敦的F．瓊斯先生

親愛的瓊斯先生：

要檢測酒精與交通意外之間有什麼關聯，向來都很困難。困難之處在於：如果有一半車禍是跟酒醉有關，那可能是因為酒後開車，也可能是因為馬路上有很多喝醉了的行人——因此，喝醉酒的駕駛有多少，我們也只能用猜的。

但經濟學家李維特和波特（Jack Porter）研究酒醉駕駛人相撞的機率之後，有了重要發現。如果喝酒的駕駛人占了所有駕駛中的一成，那麼兩輛車子相撞時，雙方駕駛人都喝醉酒的機率只有一%。

相較於只有一方喝醉酒的車禍，雙方都喝醉酒的車禍事件，比我們所預期的要高，也使得李維特和波特對於飲酒駕駛的風險，有了確切的結論。

他們發現，酒精對駕駛人的影響很大。喝了酒的駕駛人造成致命車禍的可能性，是一般人的七倍；在美國，飲酒超過法定限度的駕駛人，造成致命車禍的可能性，則高達一般人的十三倍。

另外也請記住，這份論文還有另一個發現：「絕大部分飲酒駕駛的致命事故，會造成飲酒駕駛人和乘客死亡。」這應該會讓人清醒一點。

真誠的，臥底經濟學家

老是忘記帳戶密碼

——至少，別用 password 當成你的 password。

親愛的臥底經濟學家：我的電子郵件和網路帳戶（網路郵購等等）都是用同一個密碼。現在我很擔心會有駭客得知這個密碼。我該怎麼辦？——困惑的小孩

親愛的困惑的小孩：

美國明尼蘇達州聖多馬大學（University of St Thomas）的資訊安全專家史密斯（Rick Smith）總結了這個難題：「密碼務必讓人無法記住，而且絕對不能寫下來。」最理想的密碼，應該是一長串混雜的字母與數字，而且要常常更改。當你輸入時，電腦螢幕不會顯示出你所輸入的內容，讓你無法因為看到而加強記憶。如果你做得到以上一切，那就很了不起了，更別說還要重複做上好幾十遍。

你可以使用一些小訣竅，比方說，用歌詞的字首縮寫字母，來當成你的密碼。不過要記得這密碼也還是很難：要嘛你得每個帳戶都用同樣的密碼，要嘛就是寫下來放在你的滑鼠墊底下。

總之，這些根本無法執行的密碼規範，是由資訊安全專業人員發展出來的，希望藉此遮掩他們的弱點。好吧，現在得換你遮掩自己的弱點了。

首先，你要想一下，如果出事的話，收拾殘局的會是誰？你現在採用統一密碼的方式，銀行並不鼓勵，也並未禁止。但如果你把自己的密碼寫下來，安全漏洞就會是你自己的責任。

其次，也別想太多。其實很多人都會用很明顯的密碼，例如直接用姓名、伴侶的名字，或直接就用 password。而且應該有高達三分之一的使用者，都會把密碼寫下來。駭客總是喜歡找容易下手的目標，所以記住：你可能不必比他們聰明，只要比那些用 password 當密碼的人聰明就行了。

減碳，很假仙？

——很少人會為了尚未出生、連個影子都沒有的未來子孫，做出重大犧牲。

親愛的臥底經濟學家：我平常會採取一些簡單的方法，以減少自己的碳排放（例如走路、做資源回收等等），同時宣導氣候變遷，試圖影響他人。但最近一個朋友指控我虛偽，因為我搭飛機去度假，增加了碳排放。我承認我計畫度假時，並沒有考慮到對環境的傷害，也不打算要放棄度假。我該如何鼓吹環保，同時又能做到言行一致呢？

——一個明顯的假環保人士

親愛的假環保人士：

像你這樣的人很多。大部分已開發地區的政府，一直在談論氣候變遷的問題，卻不採取一些顯然可以防止碳排放成長的政策。

但以你的案例而言，我不覺得你虛偽。正好相反，我認為你出奇地誠實——你說你不知道自己的旅遊會對環境造成衝擊，但如果早知道的話，你也不會改變計畫。

其實問題在於，大部分人都跟你一樣無知、一樣自我中心。一般針對氣候變遷而鼓吹大家自願節能的基本論點，都是要我們為後代子孫著想，但老實說，很少人會為了尚未出生、連個影子都沒有的子孫，做出重大的犧牲。

於是，我們有兩個辦法可以選擇：一，期望大家彼此督促，採取自發行動；二，期望政府以一部分的勞動稅和資本稅，交換碳排放稅。但這兩者我都不會指望太多。

環保的，臥底經濟學家

人為什麼偷懶？

——我可以想出三個：一是他太笨，不懂得巧妙地偷懶；二是他認為你太笨，根本不會注意到；三是他不在乎。

親愛的臥底經濟學家：我付錢雇了個人每星期替我洗三次車。平常他都做得很稱職，但只要我出遠門，那個洗車工人就停止工作，所以我旅行回來老是看到車子很髒。我不在的時候，給他的工錢還是照算。就算他不想照常一星期洗三次，也至少應該在知道我會回來的前一天，把車子洗乾淨吧？——來自巴林（Bahrain）的DT

親愛的DT：

關於這種行為，我可以想出三個解釋。一是那個洗車工人太笨，不懂得用更巧妙的方式偷懶；二是他認為你太笨了，根本不會注意到；三是他不在乎你是否注意到了。

如果他是因為太笨或是以為你太笨——別管是哪個——那麼解決的方法很簡單：告

訴他，你注意到車子很髒，要求他下回得在你返家之前洗乾淨。

如果他不在乎，那就表示他或許可以在別處找到同樣好的工作。但其實不太可能，因為眼前替你洗車的這份工作既可以常常放假又照領薪水——除非是你很吝嗇，給的薪水太低了。

我建議你，可以提供更強烈的誘因。告訴他說，如果你回來時車子是乾淨的，就會付他獎金。坦白說，既然你已經花錢請他不間斷地洗一輛沒使用的車，而他卻沒照做，那麼任何改變都應該會有所改善才對。

困惑的，臥底經濟學家

最佳送禮策略

把無謂損失降到最小，把感情價值提到最大。

親愛的臥底經濟學家：經濟學可以幫我挑選送我弟弟的完美聖誕節禮物嗎？——來自加拿大渥太華的提姆．梅利

親愛的提姆：

你的來信，讓我不禁想起經濟學家瓦德佛格那篇很有影響力，關於「聖誕節的無謂損失」的研究。

瓦德佛格的這篇論文證明：收到禮物的人，通常不願意自己花同樣多錢去買同一件東西。比方說，有人送了一件三十鎊的毛衣當禮物，但如果要收到禮物的人自己掏錢買，他們只願意花二十鎊，於是就產生了十鎊的「無謂損失」（deadweight loss）。通常，兄弟姊

妹並不是最無能的送禮者（而是叔叔伯伯、阿姨舅舅之類），但也不是最能勝任的。

瓦德佛格的研究成果，常被曲解為送禮沒有意義。其實並非如此。

在他的計算式中，明確地把感情價值排除在外，但當然，感情價值是送禮的目的之一。這或許可以解釋，為什麼經濟學家索爾尼克（Sara Solnick）和賀蒙威（David Hemenway）的研究發現，我們喜歡別人主動送的禮物，勝於我們明確開口要求的禮物。同時這可能也可以解釋，為什麼禮券不是好禮物——它們沒有情感價值，而且還是會製造無謂損失，因為往往很多禮券會被放到過期都沒用，或者是在 eBay 上被折價賣掉——經濟學家奧芬柏格（Jennifer Pate Offenberg）的研究就證明了這一點。

這一切，都點出了一個最佳的送禮策略：**務必把無謂損失降到最小，同時把感情價值提到最大**。這意味著：去買個小禮物，並努力取得情感上的共鳴。找個不貴的東西，然後再外加一封信、一張照片，或者兩人共度一段時間。

如果你覺得該在財務上資助弟弟，那就在信封裡放一張支票。祝你、你弟弟，以及所有本書讀者都有個最愉快的聖誕節。

歡樂過節的，臥底經濟學家

把密西根州賣給中國人

本來能賣兩兆，現在就很難說了。

親愛的臥底經濟學家：我們密西根州這裡有個麻煩：汽車業。由於國外的競爭和三大汽車廠的經營欠佳，二〇〇九年密西根州的經濟陷入嚴重困境。我們應該乾脆把這個州賣給中國人嗎？我們曾把托雷多市（Toledo）拿去跟俄亥俄州換來上半島（upper peninsula），所以或許賣給中國人是個好主意。想到要成為中國公民，我就很興奮。但該賣多少錢呢？——來自密西根的J太太

親愛的J太太：

千萬別賤賣了自己。根據美國商務部經濟分析局（Bureau of Economic Analysis）的資料，密西根州二〇〇七年的國內生產毛額（GDP）是三八二〇億美元，這個數字，就是

密西根州所有財貨與服務之附加價值的加總，其中包括從理髮到裝配汽車等一切——但不包括外州進口的零件之類。

三八二〇億這個數字相當驚人，足以讓密西根州成為全世界前二十五大經濟體。就連中國的國內生產毛額，目前也只有三八二〇億的九倍而已。

那麼，買下三八二〇億美元的生產力，要花多少錢呢？沒有任何一家公司的附加價值能接近這個數字；根據經濟學家格羅威（Paul de Grauwe）的估計，二〇〇〇年全球兩大公司的附加價值是：沃爾瑪連鎖百貨（Wal-Mart）六七〇億美元，艾克森（Exxon）五三〇億美元。而當時這兩家公司的市場價值，大約是各自附加價值的五倍。

如果把同樣的比率套用在密西根州，那麼中國買下該州，就得花將近兩兆美元。幸運的是，中國外匯存底已經有三兆，應該買得起。不過，這一切的假設前提是：如果密西根的居民不喜歡新的管理者，他們有離開的自由——就像沃爾瑪的員工。

不過，可別拖得太久。即使是在這波金融海嘯之前，密西根州的實質每人平均國內生產毛額，都在持續下滑中。你的家鄉是個非常值錢的資產，但現在也許是賣掉的好時機。

致謝

我覺得很榮幸，許多讀者以為「親愛的經濟學家」專欄是我的點子。但其實不是。這個專欄是先出現在《金融時報雜誌》上，幾個星期後，我才幫《金融時報》寫出第一篇專欄文章。因此我要特別感謝馬丁・沃夫（Martin Wolf）和 Chrystia Freeland 一起構思出這個專欄，以及寫出頭幾篇出色專欄文章、並為往後專欄設定基調的 Alan Beattie 和 Chris Giles，還有邀我執筆這個專欄的第一任編輯 Pilita Clark。之後的歷任編輯 Graham Watts、Mike Skapinker、Isabel Berwick、Andy Davis、Sue Norris 都有優秀的編輯表現，使整個專欄始終保持新意。另外，也很感激 Lionel Barber 和 Dan Bogler 促成這本書的出版。

我也要謝謝 Lindsey Schwoeri、Ryan Doherty、Iain Hunt 在編排這本書的重要協助，同時一如往常，我要感謝我的經紀人 Sally Holloway、我的編輯 Tim Bartlett 和 Tim Whiting，並謝謝 Andrew Wright 很有技巧地修飾了我各單元凌亂的引文。

更重要的是，我要感謝讀者每星期寄來如此美妙而別出心裁的問題。其中有些人很奇怪，這一點非常棒。

最後要感謝我美麗、聰慧、有耐心的太太 Fran Monks。有一個成天引用經濟學家貝克、迪西特的言論來討論家務事的老公，可不是件輕鬆的事情。願我們繼續一起做出正確的決定。

國家圖書館出版品預行編目（CIP）資料

親愛的臥底經濟學家：《金融時報》最好看的專欄 / 提姆．哈福特 (Tim Harford) 著；尤傳莉譯．- - 二版．- - 臺北市：早安財經文化，2016.07
面；　公分．-- (早安財經講堂；69)
譯自：Dear undercover economist : the very best letters from the 'dear economist' column
ISBN 978-986-6613-80-7 (平裝)

1. 經濟學 2. 通俗作品

550　　105010593

早安財經講堂 69

親愛的臥底經濟學家

《金融時報》最好看的專欄

Dear Undercover Economist

The Very Best Letters from the 'Dear Economist' Column

作　　者：提姆．哈福特（Tim Harford）
譯　　者：尤傳莉
特約編輯：莊雪珠
封面設計：Bert.design
責任編輯：沈博思、劉詢
行銷企畫：楊佩珍、游荏涵

發 行 人：沈雲驄
發行人特助：戴志靜、黃靜怡
出版發行：早安財經文化有限公司
台北市郵政 30-178 號信箱
電話：(02) 2368-6840　傳真：(02) 2368-7115
早安財經網站：http://www.morningnet.com.tw
早安財經部落格：http://blog.udn.com/gmpress
早安財經粉絲專頁：http://www.facebook.com/gmpress

郵撥帳號：19708033　戶名：早安財經文化有限公司
讀者服務專線：(02) 2368-6840　服務時間：週一至週五 10:00~18:00
24 小時傳真服務：(02) 2368-7115
讀者服務信箱：service@morningnet.com.tw

總 經 銷：大和書報圖書股份有限公司
電話：（02）8990-2588
製版印刷：中原造像股份有限公司
二版 1 刷：2016 年 7 月
二版 7 刷：2021 年 1 月

定　　價：350 元
I S B N：978-986-6613-80-7（平裝）

臥底經濟學家不但知道我們該怎麼做才對，

也很清楚我們有時候會做不到。